AF610151

LES DIVINES OPPORTUNITÉS

DU DOCTORAT DE

SAINT FRANÇOIS DE SALES

TROIS CONFÉRENCES

DONNÉES A LA VISITATION D'ANGERS

les 26, 27 et 28 janvier 1878

AVEC TRADUCTION NOUVELLE DU BREF DE PIE IX

DÉCLARANT SAINT FRANÇOIS DE SALES DOCTEUR DE L'ÉGLISE

PAR

LE PÈRE VICTOR ALET

de la Compagnie de Jésus.

> Tout ce qui peut contribuer à faire mieux connaître au monde le plus aimable des saints, ne peut qu'être utile à la cause de la religion.
>
> (Mgr PARISIS).

ANGERS

IMP.-LIB. GERMAIN & G. GRASSIN, RUE SAINT-LAUD, 83

SUCCESSEURS DE E. BARASSÉ

1878

LES DIVINES OPPORTUNITÉS

DU DOCTORAT

DE SAINT FRANÇOIS DE SALES

DU MÊME AUTEUR :

L'APOTRE DE L'ALLEMAGNE au XVIe siècle. — **Vie du B. Pierre Canisius.** 1 vol. in-12. Paris, Douniol.

LA DIVINITÉ DU CHRISTIANISME, prouvée par un fait. 1 vol. in-12. Nantes, Forest et Grimaud.

LE PATER NOSTER DE LA FRANCE. Explication de l'Oraison dominicale. 1 vol. in-32. Nantes, Mazeau.

SAINT MARTIN ET SA BASILIQUE DE TOURS, 1 vol. in-18. Paris, Dillet.

LA FRANCE ET LE CŒUR DE JÉSUS. Etude d'histoire religieuse, 5e édit., 1 vol. in-12. Paris, Baltenweck.

UN NOUVEAU MOIS DU SACRÉ-CŒUR. Les trente-cinq salutations de la B. Marguerite-Marie, méditées, 5e édit., 1 vol. in-18. Paris, Haton.

LES DIVINES OPPORTUNITÉS
DU DOCTORAT DE
SAINT FRANÇOIS DE SALES

TROIS CONFÉRENCES

DONNÉES A LA VISITATION D'ANGERS

les 26, 27 et 28 janvier 1878

AVEC TRADUCTION NOUVELLE DU BREF DE PIE IX

DÉCLARANT SAINT FRANÇOIS DE SALES DOCTEUR DE L'ÉGLISE

PAR

LE PÈRE VICTOR ALET

de la Compagnie de Jésus.

> Tout ce qui peut contribuer à faire mieux connaitre au monde le plus aimable des saints, ne peut qu'être utile à la cause de la religion.
>
> (Mgr Parisis).

ANGERS

IMP.-LIB. GERMAIN & G. GRASSIN, RUE SAINT-LAUD, 83

SUCCESSEURS DE E. BARASSÉ

1878

Ces Conférences, toutes familières, n'étaient pas destinées à l'impression : leur souvenir devait s'effacer avec celui des fêtes du Doctorat. Des personnes, trop bienveillantes sans doute, mais dont les désirs méritent tous nos égards, ont pensé qu'elles pouvaient contribuer quelque peu à faire mieux connaître l'esprit de saint François de Sales, et surtout ses principaux Ecrits : nous nous rendons à leurs vœux. Nous déposons ces humbles pages aux pieds du nouveau Docteur, comme un hommage et comme une prière. A lui de les bénir et de les féconder !

En la fête de la Purification, 1878.

PREMIÈRE CONFÉRENCE.

SAINT FRANÇOIS DE SALES

Docteur de la Théologie Dogmatique.

Replevit eum Dominus spiritu sapientiæ et intellectus :

Le Seigneur l'a rempli de l'esprit de sagesse et d'intelligence.

Mes Frères,

Le glorieux pontificat de Pie IX ne sera pas seulement signalé dans l'histoire par les grands événements tour à tour heureux et malheureux qui l'ont traversé, par la définition de l'Immaculée Conception et de l'Infaillibilité pontificale, par la condamnation des principales erreurs modernes dans un immortel *Syllabus* et par la tenue du Concile œcuménique du Vatican : il aura encore pour caractère saillant d'avoir singulièrement enrichi le catalogue des Bienheureux et des Saints, le catalogue aussi des Docteurs de l'Église. Il semble qu'au milieu des tempêtes et des ténèbres de l'heure présente, le Pilote suprême de la barque du Christ ait senti le besoin de multiplier à la fois les protecteurs et les guides.

Pie IX a décerné le titre de Docteur à trois illustres Évêques. L'un appartient aux premiers âges du Christianisme, c'est saint Hilaire de Poitiers ; l'autre est presque notre contemporain, c'est saint Alphonse de Liguori ; et le troisième brille vers l'aurore des temps modernes, c'est saint François de Sales. On découvre aisément la raison providentielle de ces proclamations en telle circonstance et à pareil moment. Saint Hilaire, déclaré docteur en 1852, venait bien à son heure : lui qui porta de si rudes coups à l'arianisme n'avait-il pas à reprendre son œuvre contre les nouveaux ariens, qui déjà s'apprêtaient dans l'ombre à réduire le Verbe incarné aux ridicules proportions d'un aimable rabbin ? Saint Alphonse, élevé aux honneurs du magistère ecclésiastique le lendemain du Concile du Vatican, apparaissait, en face du jansénisme et du gallicanisme enfin vaincus sans retour, comme la vivante personnification de ces doctrines romaines, dont le Concile avait consacré le triomphe. Quant à saint François de Sales, docteur en titre seulement d'hier, on peut dire qu'il l'était depuis trois siècles par l'autorité exceptionnelle dont ses écrits furent constamment et universellement honorés.

C'est à ce dernier que je dois m'attacher ; c'est

lui dont j'ai mission de vous présenter les droits à cette nouvelle prérogative ; et il faut en même temps que je vous explique les divines opportunités de ce doctorat, si ardemment désiré et demandé, décrété enfin solennellement par l'autorité pontificale, célébré aujourd'hui partout avec tant de joie, de pompe et d'amour !

Ah ! tressaillez d'allégresse, vous surtout, cloîtres bénis de la Visitation ! Dignes filles d'un si glorieux Père, je comprends votre bonheur : celui qui est à la fois votre fondateur, votre guide, votre modèle, l'âme après Jésus-Christ de votre vie religieuse, l'Église vous le donne authentiquement pour Docteur et Maître, en lui mettant au front une couronne de plus. Désormais son enseignement vous sera encore plus sacré, tous ses écrits vous deviendront plus précieux ; et le jour viendra sans doute, bientôt peut-être, où les mains aussi habiles que filiales, qui publient en ce moment même une édition fidèle et complète des Œuvres de sainte Chantal, rendront le même service, service non moins nécessaire, aux Œuvres de l'illustre Évêque de Genève, jusqu'ici très-incomplétement et très-inexactement publiées. Que ce soit là, Mes Chères Sœurs, le couronnement plus ou moins prochain mais réel de toutes les magnificences du Doctorat : vous ne pouvez rien faire de plus glorieux à la mémoire de votre immortel Patriarche, rien de plus utile à la cause de Dieu et de son Église.

J'entre dans mon sujet. Ce qui fait un Docteur de l'Église, Mes Frères, c'est avec l'éminence de la sainteté, la profondeur, l'étendue et la sûreté de la science. Mais de quelle science? De la science sacrée ou théologique, science excellente entre toutes par la sublimité de son objet, par la nécessité et les avantages de ses enseignements, par la certitude même de ses affirmations qui ont pour principe et fondement la révélation divine. J'ai donc à vous faire admirer dans notre saint le théologien supérieur.

A cet effet, remarquons que la théologie a trois objets principaux : l'illumination de l'intelligence par le dogme, la formation et direction pratique de la conscience par la morale, la sanctification de l'âme par l'ascétisme. De là trois grandes branches de la théologie : la théologie dogmatique, qui, partant de l'Écriture et de la tradition, expose, approfondit, explique, justifie et défend la doctrine révélée ; la théologie morale, qui l'applique à la science pratique du bien et du mal, puis au gouvernement des âmes ; et la théologie ascétique, à laquelle on peut rapporter la mystique, et qui, sous le rayonnement de la Foi, exerce l'âme aux luttes de la vertu et la prépare à la conquête de la perfection. Or, nous le verrons tour à tour dans nos trois conférences, François de Sales excella en cette triple fonction du théologien accompli : peut-on demander de meilleurs titres aux honneurs du Doctorat?

Étudions aujourd'hui le théologien dogmatique : premièrement, dans sa laborieuse préparation ; deuxièmement, dans le fond même de sa doctrine; troisièmement, dans la forme qu'il sut lui donner. Champ immense, mais que nous parcourrons à grands pas, nous bornant à toucher le sommet des choses. Les leçons pratiques et actuelles s'offriront d'elles-mêmes sur notre route.

I.

Autrefois la formation scientifique n'était point hâtive comme elle l'est trop souvent de nos jours. On ne se croyait point obligé de choisir sa carrière à l'âge de quinze ans et de l'avoir faite à vingt ans. On se souvenait de la maxime consignée par l'Esprit-Saint au livre de la Sagesse : « Une fortune rapidement acquise s'en va d'ordinaire comme elle est venue, *substantia festinata minuetur;* » maxime qui n'est pas moins applicable à la richesse intellectuelle, au savoir, qu'à la richesse matérielle. On appliquait d'abord l'enfant à l'étude sérieuse des belles-lettres, bien nommées aussi les lettres humaines, et on lui imprimait le sens profond du vrai, du beau, du bien. Puis venaient les études philosophiques; et quand cette culture commune à tous, base indispensable d'une éducation vraiment libérale, avait suffisamment développé et mûri avec l'âge les facultés de l'enfant devenu jeune homme, alors, mais seulement alors, on l'invitait à chercher la route de sa vie, à faire un choix libre et réfléchi, à s'occuper enfin des connaissances spéciales requises par la carrière qu'il avait résolu d'embrasser. Ainsi arrivait-on à faire des hommes, et non pas des moitiés, des quarts d'hommes, des êtres décapités, qui, riches peut-être de tous les trésors des sciences mathématiques et physiques, ignorent jusqu'aux éléments des sciences philosophiques, morales et religieuses, sans lesquelles toutes les autres manquent des principes fondamentaux, d'où dépendent leur unité, leur puissance, leur beauté.

Voilà ce qui était compris aux jours, pourtant si orageux de la fin du XVIe siècle, aux jours qui virent naître notre futur Docteur. Rejeton d'une de ces vieilles et nobles races savoisiennes, où se perpétuaient les traditions d'éducation sérieuse et féconde, François de Sales est envoyé à Paris dès l'âge de treize ans. Là, sous la direction des maîtres les plus habiles, entre autres du docte Père Sirmond, il consacre d'abord deux années à l'étude de la rhétorique, y joignant comme diversion celle des langues grecque et hébraïque, et ensuite quatre années entières à l'étude de la philosophie, qu'il complète par de solides notions théologiques. On reconnaissait alors à la philosophie l'importance capitale qui lui appartient ; on n'oubliait pas que cette science a pour objet de poser les premiers fondements de toute connaissance, de régler la marche de l'esprit dans la recherche du vrai, de l'aider à penser juste, à raisonner solidement, enfin de le prémunir contre les sophismes et les jugements faux, source aujourd'hui peut-être plus que jamais de maux incalculables.

Lui-même, plus tard, au jour solennel où lui sera conféré, à Padoue, le grade de docteur dans l'un et l'autre droit, rendra témoignage du sérieux de ses travaux philosophiques de Paris : « Ma bien-aimée patrie, s'écriera-t-il en son discours de remercîment, enrichit mon premier âge des éléments des lettres humaines ; leur complément fut l'œuvre de l'Université de Paris, de cette École si florissante, si fréquentée, vraie mère des belles-lettres. C'est là que, à la suite de la rhétorique, j'étudiai la philosophie ; ce qui me fut d'autant plus facile que, dans cette illustre École, tout, jusqu'aux toits et aux murailles, semblait parler philosophie et retentissait d'arguments. »

A la philosophie, on vient de l'entrevoir, succéda le Droit. A vingt ans il partit donc pour Padoue, dont l'Université était proclamée par l'Europe entière la première pour le droit, de même qu'un siècle après, votre ancienne Université d'Angers était regardée, aussi pour le droit, comme la première de toute la France. Il y suivit quatre années encore les leçons des jurisconsultes les plus éminents, faisant marcher de front le droit civil et le droit canon, qu'on jugeait alors inséparables, tant la loi divine compénétrait la loi humaine ! De si nobles efforts, au service de la plus saine et de la plus belle intelligence, furent couronnés de magnifiques succès ; et le brillant gentilhomme reçut à vingt-quatre ans son double diplôme de docteur *in utroque jure*, au milieu des acclamations unanimes et triomphales de ses maîtres, de ses camarades et de toute la cité: car, souvent, à cette époque, une fête littéraire devenait une fête publique.

Est-il besoin de le dire? Sa vertu avait grandi avec sa science, et entourait déjà son front comme d'une auréole. Abritée sous le manteau virginal de la Mère immaculée, protégée par la prière et la mortification, son innocence avait traversé tous les dangers sans rien perdre de son parfum. Fénelon, qui reproduira un jour bien des traits du saint Évêque de Genève, a écrit quelque part cette observation frappante : « Rien n'est bon, délicat, généreux et beau comme un jeune homme, qui a traversé pur l'âge des passions. » François de Sales m'apparaît comme une douce et vivante réalisation de cette belle parole. Souvent, quand il passait, à Padoue comme à Paris, on entendit des voix admiratrices murmurer ce touchant éloge : « C'est l'ange de l'École ! » Oui, vraiment, et deux fois l'ange de l'École ! Merveilleuse ressemblance avec celui dont il sera l'émule par la science comme par la vertu, le grand Thomas d'Aquin, que tous les siècles chrétiens salueront du même hommage ! Ravissante affinité de la pureté du cœur et de l'illumination de l'esprit ! Précieuse aptitude de l'âme, qui s'est dégagée de l'empire des sens, à voir Dieu, même dès ce monde, à saisir la vérité divine ! C'est la béatitude évangélique : « Bienheureux ceux qui ont le cœur pur, parce qu'ils verront Dieu : *Beati mundo corde, quoniam ipsi Deum videbunt.* »

Mais quelle route va prendre enfin notre lauréat ? Il est également préparé aux fonctions civiles et aux fonctions sacrées. On lui offre une place au Parlement de Savoie ; ses amis le pressent d'accepter, son vieux père l'en conjure : il refuse, et le sanctuaire, qui l'attira toujours, finit par le conquérir tout entier. C'en est fait ; adieu le monde, ses honneurs et ses fêtes !

Ici commencent de nouvelles études, plus directement ecclésiastiques. Ses progrès y furent si rapides, si étonnants, qu'on le vit avec une satisfaction universelle nommé, bien jeune encore, par son évêque Claude de Granier, et bientôt après, installé Prévôt du Chapitre. Quand avait lieu quelqu'une de ces grandes joûtes théologiques, si fréquentes alors, c'est lui qu'on choisissait pour présider le combat ; et il s'acquittait de cette fonction, toujours délicate, souvent très-difficile, avec une modestie parfaite, mais avec une supériorité éclatante. Aussi, lorsqu'en 1599, à l'âge de trente-deux ans, chargé des trophées de son apostolat du Chablais, il fut désigné comme coadjuteur de Genève, et dut subir, à Rome même, son examen épiscopal, il révéla de tels trésors de science que tous les assistants en furent ravis d'admiration.

Le pape Clément VIII voulut présider en personne. Il était entouré de huit cardinaux, parmi lesquels on remarquait Baronius, de vingt archevêques et évêques, et d'un nombre considérable de théologiens spécialement chargés des fonctions d'examinateurs : dans leurs rangs figurait l'illustre Bellarmin. A cette réunion se joignirent autant de spectateurs que la salle put en contenir.

Telle était l'assemblée auguste devant laquelle François de Sales allait être examiné. Un ecclésiastique espagnol, également nommé à un évêché, devait être de la partie ; mais il ne fut pas plus tôt entré dans la salle que la majesté d'un si grand spectacle le saisit au point de le faire tomber évanoui. On l'emporte, les médecins lui prodiguent leurs soins ; et à la première lueur de connaissance, on s'empresse de lui dire qu'eu égard à sa rare piété et à son profond savoir, le Pape sans aucun examen va lui faire expédier ses bulles : la secousse avait été trop violente, il expira au bout de quelques heures.

Plus courageux et confiant en Dieu seul, François de Sales conserve toute sa paix et sa présence d'esprit. Conformément à l'usage, il s'agenouille devant le Pape ; et alors il lui fut demandé quelles sciences il avait étudiées. « J'ai étudié, répondit-il, le droit civil, le droit canonique et la sainte théologie. — Sur quelle science voulez-vous être interrogé ? — Sur celle qu'il plaira à Sa Sainteté de choisir. — Déterminez-la vous-même. — Puisqu'on me laisse le choix, dit-il, la théologie étant la science propre de mon état, je tâcherai, Dieu aidant, de répondre aux questions qui me seront faites sur cette science. » Alors vinrent trente-cinq questions posées par divers examinateurs, à commencer par le Pape : à chacune François répondit d'une façon aussi claire que solide. On opposa à ses réponses les objections les plus subtiles ; et la précision, la netteté avec lesquelles il les résolut, relevées encore par un incomparable charme de modestie, provoquèrent des témoignages unanimes d'approbation. A la fin, le Pape ravi s'écria en se tournant vers les Cardinaux : « En vérité, aucun de ceux que nous avons examinés jusqu'ici ne nous a donné une satisfaction aussi complète. » Et aussitôt, descendant de son trône, il s'approcha de François resté jusqu'à ce moment à genoux, et l'embrassa en lui disant à haute voix ces paroles des Proverbes : « Allez, mon fils ; buvez de l'eau de votre citerne et de la source vive de votre puits. Faites que vos eaux coulent au dehors et deviennent des fontaines publiques où tous puissent se désaltérer : *Bibe, fili mi, aquam de cisterna tua et fluenta putei tui ; deriventur fontes tui foras, et in plateis aquas tuas divide.* » Le moment était, en effet, venu pour François de Sales d'épancher au loin sur les âmes les flots de science et de vie, qu'il avait puisés par le travail et le secours de la grâce aux sources divines !

Pardonnez-moi, Mes Frères, ces longs détails : ne leur trouvez-vous pas quelque utilité et quelque charme, au moment où sur notre sol se reconstituent des centres rajeunis d'enseignement supérieur, dans une ville, qui, sous l'impulsion vigoureuse de son illustre Évêque, ne reste certes point en arrière dans ce mouvement réparateur, et nous prépare des générations nouvelles aussi profondément instruites que profondément catholiques.

II.

« Si François de Sales n'avait été qu'un saint et un prédicateur célèbre, il n'eût pas été proclamé Docteur de l'Église : la prédication et la sainteté ne suffisent pas à ces honneurs suprêmes. Le saint qui parle à ses contemporains les émeut par son éloquence, les éclaire par sa sagesse ; mais sa parole s'éteint à l'heure de la mort. Il a passé comme un brillant météore, il n'est pas du nombre des étoiles qui ne cessent de scintiller sur la voûte azurée. Il faut des écrits, mais des écrits tout imprégnés d'une vaste science qui sonde les profondeurs des Saintes Lettres et en dévoile le sens mystérieux, qui pénètre au fond des dogmes divins (1). » Telle fut la science de François de Sales, inscrit le dix-neuvième sur les diptyques immortels, réservés à ces hommes éminents entre tous les Maîtres de la doctrine sacrée, dont le catalogue, toujours prêt à recevoir de nouveaux noms, s'ouvre par les Athanase, les Basile, les Grégoire de Nazianze, les Chrysos-

(1) P. Gab. Desjardins, *Saint François de Sales, Docteur de l'Église.*

tôme pour l'Orient, par les Jérôme, les Ambroise, les Augustin, les Léon, les Grégoire pour l'Occident, se continuant à travers les âges par les Anselme, les Bernard, les Thomas d'Aquin, les Bonaventure et d'autres encore.

Comme eux, François de Sales brilla par l'interprétation des Écritures, par l'apologie des vérités chrétiennes, par l'habileté à les défendre contre les novateurs, et par l'exposition lumineuse, simple et pourtant scientifique de notre symbole : qualités qui, réunies surtout à un si haut degré, constituent un véritable Docteur du dogme révélé.

Les développements me sont interdits : j'énumère.

Sa science des Écritures éclate dans tous ses écrits, dans ses sermons, jusque dans ses lettres et ses entretiens. Il en tire un parti merveilleux, souvent aussi ingénieux que solide, dans ses discussions avec les hérétiques. On voit qu'il en est tout plein et que les applications se font, pour ainsi dire, d'elles-mêmes. Lisez en particulier son commentaire du Cantique des Cantiques : ce n'est le plus souvent qu'une ébauche, une esquisse rapide ; mais au coup de pinceau on reconnaît le Maître, inspiré ou assisté. Notre langage est autorisé par le langage même du Bref pontifical du Doctorat, quand il place hautement sa connaissance profonde et sûre du Livre divin, sa dextérité surprenante à en expliquer les passages obscurs, parmi ses meilleurs titres aux honneurs nouveaux que l'Église lui décerne.

Voici maintenant l'apologiste : il se présente avec son *Étendard de la Croix*. On sait quelle fureur le protestantisme, à son origine, déployait contre le signe sacré de notre salut. Pour ces novateurs, c'était comme pour les Juifs et les païens du temps de saint Paul, un scandale et une folie. Ils en faisaient l'objet de leurs sarcasmes. Partout l'odieux symbole tombait sous leurs coups. L'auteur leur montre, par un ensemble écrasant de témoignages, que ce culte, depuis le Calvaire, ne cessa jamais d'être en vigueur parmi les fidèles. Il fait toucher au doigt la distance qui sépare le culte suprême réservé à la Majesté divine, du culte de vénération destiné à honorer, dans une créature, les qualités spéciales qu'elle emprunte à ses rapports avec Dieu. « L'adoration de la Croix, s'écrie-t-il, ce serait un insigne mauvaise foi de l'entendre autrement que ne l'entendent les Catholiques eux-mêmes. » Ce traité est vraiment admirable d'ordre et de méthode, de logique et de finesse, d'érudition et de raisonnement. Tout ce que les Écritures, les Pères et les écrivains ecclésiastiques ont dit de plus propre à répandre quelque lumière sur le sujet, tout ce que la raison peut apporter d'appui au dogme révélé, vient à point éclairer chaque question, « défaire les dires » des adversaires, suivant la pittoresque expression de notre apologiste, et les obliger à « renier le bon sens et à lui jurer inimitié, » ou à s'avouer vaincus par l'évidence de la démonstration. Il demeure encore aujourd'hui le livre le plus éloquent et le plus théologique qui ait jamais été écrit en l'honneur de la Croix.

Mais François de Sales ne se borne pas à la défensive ; il porte aussi la guerre sur le terrain ennemi : il se fait polémiste. Chose admirable ! au moment même où, au prix d'incroyables fatigues et de mille dangers, il faisait pied à pied la conquête apostolique du Chablais, il écrivait, sans autre secours que la Bible et quelques volumes de Bellarmin, une série de petits discours ou entretiens, qu'il livrait à l'impression et répandait dans les familles hérétiques pour être lus le soir au coin du feu ; et il se trouva que ces feuilles, réunies et coordonnées, formèrent ce beau livre des *Controverses*, que plusieurs regardent comme son chef-d'œuvre, par la vigueur et l'originalité de la pensée, bien que par malheur il soit resté inachevé. Bossuet et Fénelon célèbrent à l'envi cet ouvrage tombé comme par jeu d'une plume de vingt-sept ans. Personne, avant lui, n'avait mieux compris ni décrit peut-être d'une main si ferme la vraie constitution de l'Église de Jésus-Christ. Personne ne présenta avec plus de puissance l'argument qui confond à jamais les sectes séparées, l'argument du défaut de mission, soit ordinaire, soit extraordinaire : « Qui êtes-vous ? Comment vous nommez-vous ? Pour qui parlez-vous ? Au nom de qui venez-vous ? » Quelle que soit la réponse, que le novateur se présente au nom de l'Écriture interprétée à sa fantaisie, ou au nom de l'autorité civile, ou au nom de la raison et de la science.

il se réfute lui-même par avance, il s'interdit le droit de m'imposer son enseignement : ma pensée vaut la sienne. Nous, au contraire, ministres de l'Église catholique, nous produisons nos titres, nous montrons nos origines, nous disons hautement que nous sommes les envoyés du Christ par saint Pierre et par le Pape : *Pro Christo legatione fungimur*.

On le sent, le polémiste dut souvent déposer les armes et se contenter de projeter sur l'erreur la lumière d'une exposition simple et vigoureuse de la vérité : c'est même peut-être là son triomphe, à regarder l'ensemble de son travail dogmatique. Impossible de donner ici seulement une idée du trésor immense que renferment, à ce point de vue, ses œuvres complètes. Donc, sans nous arrêter à tant d'aperçus bien frappants sur la visibilité de l'Église, l'Incarnation du Verbe, la Transubstantiation Eucharistique, etc., signalons deux vérités, récemment inscrites au symbole officiel de la Foi catholique, mais que notre théologien enseignait, il y aura tout-à-l'heure trois siècles, avec autant de précision qu'il pourrait le faire aujourd'hui : je veux parler de l'Infaillibilité pontificale et de l'Immaculée Conception de Marie.

Le livre des *Controverses* contient ces merveilleuses litanies de cinquante titres d'autorité et d'honneur, que l'antiquité ecclésiastique a constamment donnés aux Pontifes Romains et à leur siége : tableau piquant, ingénieux, qui ne peut manquer de frapper tous les bons esprits, et dont le comte de Maistre s'est emparé, fort à propos, pour en faire un des ornements de son beau livre *Du Pape*. Le pape y est appelé « le Chef de l'Église universelle, le Patriarche universel, le Prince des Évêques, l'Évêque placé au faîte apostolique et revêtu de la Principauté principale, Moïse par l'autorité, Samuel par la juridiction, Pierre par la puissance, Christ par l'onction, origine de l'unité sacerdotale, siége suprême qui ne peut être jugé par aucun autre, etc. » Ce n'est pas tout, l'auteur consacre le tiers environ de son ouvrage à établir et à définir l'autorité du Pontife Romain. Comme le rappelle en termes magnifiques le Bref du Doctorat, là se lisent, au quarantième discours, ces paroles si formelles, dont l'autographe retrouvé pendant le Concile même du Vatican, produisit tant d'impression sur les Pères : « L'Église ne peut pas toujours être assemblée en un concile général, mais elle a toujours besoin d'un CONFIRMATEUR INFAILLIBLE, auquel on puisse s'adresser, et il était nécessaire qu'il ne pût mener ses brebis aux pâturages de l'erreur. » Et tout cet enseignement se résume pour François de Sales dans ce cri de son cœur et de sa foi : « LE PAPE ET L'ÉGLISE, C'EST TOUT UN ; » cri décisif, qui, à travers douze siècles, fait écho à la parole non moins expressive de l'illustre docteur de Milan : « Là où est Pierre, là est l'Église ; *Ubi Petrus, ibi Ecclesia.* »

Le second témoignage, en faveur de la Conception immaculée, n'est pas moins remarquable.

Nous l'empruntons à « cet insigne et incomparable *Traité de l'amour de Dieu,* » comme parle Pie IX dans le Bref du Doctorat, traité qui, avec ses douze livres, sa marche méthodique, ses amples développements, ses documents sans nombre tirés de l'Écriture, de la tradition, de l'histoire et de toutes les sources, ses observations morales tour à tour fines et profondes, la sûreté et l'abondance de sa doctrine, la nouveauté des aperçus et l'élévation habituelle de la pensée, mérite vraiment de prendre place à côté des plus beaux monuments de la science ecclésiastique. Il rappellerait, par exemple, les douze livres *sur la Trinité* du glorieux Docteur de Poitiers. Assurément, il y a plus de contraste que de ressemblance entre l'aimable abeille des Alpes et celui que saint Jérôme appelle « le Rhône de l'éloquence latine. » Cependant, tous deux enseignèrent, luttèrent, triomphèrent pour la cause du Christ et de son Église. L'un plus ardent, l'autre plus calme ; celui-là donnant carrière à la verve impétueuse même contre les empereurs, celui-ci enveloppant de formes adoucies ses plus sévères avertissements ; le premier empruntant de préférence ses images à la guerre, le second à la nature et au riant aspect des champs ; tous deux vaillants champions de la foi, mais chacun avec son don spécial ; tous deux persécutés, avec une violence inégale sans doute mais qui n'exclut par l'égalité des souffrances, ils meurent tous deux pour le Seigneur, l'un au retour d'un lointain et douloureux exil, l'autre épuisé avant l'heure par l'excès du labeur apostolique, et sous le trait vainqueur du divin amour.

Mais revenons. C'est dans le livre, occcasion de cet écart, qu'on peut lire la page admirable, que je veux citer tout entière, pour ne lui rien ôter de son parfum, et aussi pour faire goûter la manière charmante de l'auteur. « Dieu certes montre admirablement la richesse imcompréhensible de son pouvoir, en cette si grande variété de choses que nous voyons en la nature ; mais il fait encore plus magnifiquement paraître les trésors infinis de sa bonté, en la différence non pareílle des biens que nous reconnaissons en la grâce. Car, Théotime, il ne s'est pas contenté, en l'excès sacré de sa miséricorde, d'envoyer à son peuple, c'est-à-dire au genre humain, une rédemption générale et universelle par laquelle un chacun peut être sauvé ; mais il l'a diversifiée en tant de manières, que sa libéralité reluisante en toute cette variété, cette variété réciproquement embellit aussi sa libéralité.

« Ainsi il destina premièrement pour sa très-sainte Mère une faveur digne de l'amour d'un Fils, qui, étant tout sage, tout puissant et tout bon, se devait préparer une mère à son gré ; et partant, il voulut que sa rédemption lui fût appliquée par manière de remède préservatif, afin que le péché qui s'écoulait de génération en génération ne parvînt point à elle : de sorte qu'elle fut rachetée si excellemment, qu'encore que par après le torrent de l'iniquité originelle vint rouler ses ondes infortunées sur la conception de cette Sacrée Dame avec autant d'impétuosité comme il eût fait sur celle des autres filles d'Adam, si est-ce qu'étant arrivé là, il ne passa point outre, ains s'arrêta court, comme fit anciennement le Jourdain du temps de Josué, et pour le même respect : car ce fleuve retint son cours en révérence du passage de l'arche d'alliance, et le péché originel retira ses eaux, révérant et redoutant la présence du vrai tabernacle de l'éternelle alliance.

» De cette manière doncques Dieu détourna de sa glorieuse Mère toute captivité, lui donnant le bonheur des deux états de la nature humaine, puisqu'elle eut l'innocence que le premier Adam avait perdue et jouit excellemment de la rédemption que le second lui acquit : en suite de quoi, comme en un jardin d'élite qui devait porter le fruit de vie, elle fut rendue florissante en toutes sortes de perfections, ce Fils de l'amour éternel ayant ainsi *paré sa mère de robe d'or récamée en belle variété,* afin qu'elle fût la reine de sa dextre, c'est-à-dire la première de tous les élus qui jouiront *des délices de la dextre* divine (1)... » Et l'aimable Docteur continue longuement encore à développer les prérogatives de la Vierge Mère, montrant comment la grâce de préservation qui est son privilége l'emporte sur la grâce de précoce sanctification accordée à quelques Saints, comme Elie et Jean-Baptiste. »

---

(1) *Traité de l'Amour de Dieu*, livre II, ch. 6.

Qui ne sent circuler à travers toute cette théologie si calme, si pleine, si pénétrante, avec le souffle de la science conquise, le souffle bien autrement puissant de l'Esprit de Dieu, qui épanche tous ses dons, par le cœur de François, dans les pages que sa main trace ? Et n'est-ce pas par l'influence du même esprit qu'il faut expliquer ce phénomène vraiment surnaturel d'un simple évêque, s'exprimant sur des matières encore voilées pour un si grand nombre dans les mêmes termes que, si longtemps après, l'autorité infaillible emploiera pour les définir ?

III.

Le temps nous presse : caractérisons rapidement les procédés de méthode et de langage les plus chers au nouveau Docteur.

Dans l'exposition du dogme catholique, surtout dans la lutte pour le défendre, deux écueils sont à redouter : l'écueil de la faiblesse et l'écueil de la violence.

D'un côté, on peut croire utile de ménager des adversaires dangereux par le nombre, l'audace, la malice. Ne vaut-il pas mieux s'entendre avec eux pour le bien de la paix, que de les combattre sans trêve ni merci ? Que gagne-t-on à ces revendications obstinées ? Tenons compte du fait accompli, et en attendant des jours meilleurs, accommodons-nous aux circonstances. De là d'étranges compromis de conduite, de funestes atténuations de la vérité, peut-être l'abandon des principes les plus sacrés: les deux camps finissent par se donner la main et fraterniser sur un terrain qu'ils appellent neutre. Le voilà, ce libéralisme prétendu catholique, tant réprouvé par Pie IX ! C'est l'oubli de la parole du Maître : « Qui n'est pas pour moi est contre moi, » et de cette autre encore : « Je ne suis pas venu apporter la paix, mais la guerre. » C'est la conciliation pratique de la lumière et des ténèbres, de Jésus-Christ et de Bélial.

D'un autre côté, le champion de la bonne doctrine est exposé à franchir les bornes d'une légitime défense. Emporté par la passion du bien, exaspéré par la mauvaise foi et le cynisme des agresseurs, il ne gardera plus de mesure. Il prendra à son tour les armes de l'ironie, de l'injure, du sarcasme, compromettant par ses écarts la sainteté de sa cause. Il affectera de heurter de front le préjugé contemporain ; il aggravera la division des esprits, il aigrira les cœurs, il soulèvera les passions, et à force d'insister sur certaines conséquences légitimes mais lointaines et incomprises du dogme catholique, il ne réussira qu'à le rendre plus odieux. C'est encore l'oubli d'une parole évangélique : toute vérité n'est pas bonne à dire en tout temps en tout lieu et de toute manière : « *Vos non potestis portare modo.* »

François de Sales sut donner à son enseignement une forme également éloignée de ces deux excès. Certes, ce n'est pas lui qui s'abaisserait à de lâches transactions, ou qui voilerait la face auguste de notre religion sainte, ou qui amoindrirait, altèrerait quelque article du symbole catholique. Il sait trop bien que la foi est un dépôt sacré confié à la garde de l'Église et auquel il lui est défendu de toucher ; trop bien aussi que la vérité n'est puissante et belle que quand elle apparaît dans sa plénitude et sa majesté. Aussi, mes frères, l'avons-nous vu proclamer bien haut l'autorité de l'Église et du Pontife Romain. Il explique, il soutient toutes les prérogatives de la Papauté. Il ne reconnaît aucun droit à l'erreur. Il enseigne expressément que le Vicaire de Jésus-Christ a le devoir et par conséquent le droit d'employer tous les moyens en son pouvoir pour l'extirpation de l'hérésie, et d'invoquer le concours de tous ses enfants, même des princes, puisqu'ils ne portent le glaive que « pour élargir les voies du ciel, et rendre plus facile la pratique de la vertu en la défendant contre les ennemis du dehors (1). »

Mais s'il ne sacrifie rien de l'intégrité des principes, il n'en est que plus attentif à les présenter avec une modération et une douceur qui les rendent acceptables, attrayants. Jamais de cri dans les discussions ; jamais d'amertume dans le langage. Il n'achève pas d'éteindre le flambeau qui fume encore. Il évite surtout de froisser, d'irriter l'amour-propre. Contre l'injure même il ne se défend que par un sourire. En un mot, il

---

(1) Bossuet, *Oraison funèbre de la Reine d'Angleterre.*

unit à tant d'aversion pour l'erreur tant de compassion pour ses victimes, qu'il se fait aimer de ceux-là même qu'il combat et les entraîne comme à leur insu vers la lumière.

Cet harmonieux tempérament de zèle et de mesure, de fermeté et de douceur, de magnanime élan et d'ardeur contenue, forme le trait caractéristique de la manière du nouveau Docteur. C'est ce qui explique le mieux les prodiges de son apostolat. C'est ce qui lui permit d'aller trois fois, selon le commandement de Clément VIII, s'aboucher avec le fameux Théodore de Bèze, et donna tant de poids à sa parole que l'hérétique se confessa vaincu. C'est enfin ce qui rend son Doctorat si opportun au milieu des luttes de la pensée et de la presse contemporaine.

Ah ! je comprends que cette noble et courageuse milice d'écrivains, toujours sur la brèche pour démasquer le mensonge, confondre le sophisme, rétablir les faits, rappeler les principes, toujours sur la tour comme des sentinelles vigilantes pour crier à l'ennemi et signaler ses manœuvres, ait cherché un patron et un modèle dans le doux mais si courageux champion de Rome contre Genève; et je comprends que Pie IX, empressé de faire droit à ces vœux, ait fortement recommandé aux solliciteurs l'exacte et joyeuse fidélité à suivre en tout sa doctrine et ses conseils : « *Obsequenter et fideliter Ipsius doctrinæ ac monitis adhærentes.* »

Désormais donc, nous tous qui avons à combattre les erreurs actuelles par la plume et aussi par la parole, nous pourrons nous abriter sous ce haut patronage. Mais n'oublions jamais quel fut surtout le principe de la puissance apostolique du saint Protecteur qui nous est donné : ce fut l'amour ! Oui l'amour de Dieu, dont il ne songeait qu'à procurer la gloire ; l'amour de l'Église, qu'il ne cessa de soutenir dans ses droits et ses enseignements ; l'amour des âmes, dont les intérêts inspirèrent tous ses écrits, tous ses discours et toute sa conduite ?

Réjouis-toi, ô Sainte Église ! Les clartés de ce nouvel astre vont briller d'un éclat rajeuni et se répandre au loin : puissent-elles dissiper cette ignorance religieuse qui nous tue !

Réjouis-toi, ô France ! François de Sales t'appartient par son génie, sa langue, son cœur, son apostolat et même par sa patrie : lui qui t'aima si tendrement aux beaux jours de ton grand Henri IV, pourrait-il... pourrait-il t'oublier aux jours de tes malheurs ?

Réjouissez-vous aussi, naissantes Universités catholiques, espoir de l'avenir ? Un phare de plus est allumé devant vous, pour vous guider de sa lumière, aussi abondante que radieuse et sereine.

Et vous surtout, réjouissez-vous, heureuses filles de saint François ! A l'école d'un tel Maître, vous être assurées de ne jamais vous égarer ; nourries des plus purs enseignements de l'Évangile et de l'Église, vous unirez toujours dans vos âmes la virginité de la Foi à cette autre virginité qui fait votre joie et votre couronne. Amen.

DEUXIÈME CONFÉRENCE.

SAINT FRANÇOIS DE SALES

Docteur de la Théologie Morale.

> *Tollite jugum meum super vos... jugum enim meum suave est et onus meum leve.*
>
> Prenez mon joug sur vos épaules... car mon joug est doux et mon fardeau léger.

Grand dans la théologie dogmatique et spéculative, François de Sales fut plus grand encore dans la théologie pratique, qui a pour branches principales la morale et l'ascétisme. Parlons aujourd'hui du théologien moraliste.

Antérieur au jansénisme qui naissait aux jours de son épiscopat, mais ne faisait encore que s'agiter dans l'ombre et les intrigues, le saint évêque de Genève ne put en aucune façon subir l'influence de cette détestable et perfide hérésie. D'ailleurs, quelle sympathie imaginer entre la secte austère, sombre, désespérante, sans cesse préoccupée d'exagérer les effets de la chute et de réduire les effets de la Réparation, d'élargir les voies de perdition et de rétrécir les bras du Crucifix, et l'aimable et riant génie, dont le récent Décret de la Congrégation des Rites a pu dire avec tant de raison qu'il semble avoir eu pour mission de montrer, de faire sentir à tous, par sa vie non moins que par sa doctrine, la vérité de cette parole évangélique : « prenez mon joug sur vos épaules... car mon joug est doux et mon fardeau est léger? » Ajoutons que le jansénisme n'est que la conséquence, voilée sans doute, mais à peine mitigée, du calvinisme, dont il se rapproche, et par la dépréciation outrée de la nature humaine, et par une notion cruellement fausse de la prédestination et de la grâce, et surtout par l'esprit d'insoumission envers le Saint-Siége : comment l'adversaire providentiellement suscité de Dieu contre le calvinisme n'en aurait-il pas reconnu le venin dans cette école hypocrite, qui s'inspirait de Calvin sans avoir la franchise de l'avouer ?

Aussi, François de Sales, témoin incorruptible de la vraie doctrine morale, tout empreinte de la bénignité de Jésus-Christ mais de Jésus-Christ crucifié, donne-t-il la main par dessus les Alpes, à travers un siècle et demi de disputes, à son digne émule d'Italie, saint Alphonse de Liguori, et se trouve-t-il pleinement d'accord avec son enseignement. L'un et l'autre, accusés parfois d'un certain excès d'indulgence, n'ont plus désormais besoin de défenseur : l'auréole doctorale qui brille à leur front suffit à leur apologie et à leur gloire. Au reste, malgré bien des traits qui les rapprochent : éminente sainteté, infatigable apostolat, suavité tout évangélique, habileté et dévouement dans la direction des âmes, nombreux écrits de spiritualité, ils présentent des traits non moins frappants de dissemblance. Ainsi, tandis que saint Alphonse lègue à l'Église le monument impérissable de sa théologie morale, résumé complet et méthodique de l'enseignement traditionnel, fruit précieux d'une érudition immense, quoique parfois en défaut, saint François, sans écrire directement sur ces graves matières, les traite à l'occasion avec la sûreté de son coup d'œil et la supériorité de son génie, et il se distingue surtout par l'application, merveilleusement efficace et sage, qu'il sait en faire dans les délicates fonctions de confesseur et de directeur : application que nous ont transmise toute vivante, ses ouvrages si variés, et spécialement sa délicieuse et instructive correspondance.

On le voit, la théologie morale a un côté plus théorique, quand elle détermine les principes et les lois de la moralité, et un côté plus immédiatement pratique, quand elle applique en détail à chaque âme ces règles générales. Suivons notre Docteur sur ce double terrain.

I

D'abord, signalons en courant les excellentes instructions que le saint Évêque donna tant de fois à ses prêtres, pour l'exercice de leurs divines fonctions. Célébration des saints mystères, administration des sacrements, particulièrement du sacrement de pénitence, ministère de la parole de Dieu, gouvernement des paroisses, soin des enfants et du salut des peuples : rien n'y est oublié. Il y a là des trésors de céleste sagesse, où aimait à puiser le grand pape Benoît XIV, qui, comme le rappelle le Bref du Doctorat, reconnaissait que les enseignements du savant et pieux prélat lui avaient souvent fourni la solution des difficultés les plus graves. Et pourtant ces documents, si précieux qu'ils soient, n'auraient peut-être pas suffi à faire proclamer François de Sales Docteur de l'Église universelle. Où je découvre un titre absolument incontestable, c'est dans l'exposition même qu'il nous a laissée des principaux éléments qui constituent la moralité des actes humains, exposition aussi élevée que nette et orthodoxe.

On peut dire que la moralité chrétienne d'un acte humain dépend surtout des conditions suivantes : secours de la grâce divine, coopération de la liberté, résistance à la passion, victoire sur le malin esprit. En effet, mon action ne peut être bonne et méritoire qu'autant que la grâce l'inspirera, que ma volonté correspondra librement à la grâce, que la concupiscence ne sera pas plus forte que ma liberté, et que le démon ne fera pas prévaloir ses coupables suggestions. Or, nous l'allons voir, sur ces quatre articles fondamentaux, le nouveau Docteur nous présente un enseignement, où la solidité et la profondeur le disputent à la lumineuse simplicité.

Quant aux opérations de la divine grâce, il ne prit jamais part à ces bruyantes disputes, qui de son temps agitèrent les Écoles théologiques, et se continuèrent avec tant d'éclat et de vigueur en présence même des Souverains Pontifes. Il intervint seulement à la fin, lorsque, consulté par le pape Paul V, il donna l'avis, qui fut adopté, d'assoupir enfin cette longue querelle en imposant le silence aux deux partis et leur recommandant la tolérance et la charité mutuelles (1). Tout en regardant ces discussions comme dangereuses et trop subtiles, François de Sales n'inclinait pas moins vers le sentiment le plus favorable à la liberté, comme l'attestent sa célèbre lettre au Père Lessius et bien des passages de ses écrits. J'en citerai un qui, sans être décisif, semble pourtant insinuer sa véritable pensée. Il est emprunté au livre II du *Traité de l'amour de Dieu*, chapitre douzième. Ce chapitre est intitulé : *Que les divins attraits*

(1) Voir le Bref du Doctorat : *Dives in misericordia*, du 16 novembre 1877.

nous laissent en pleine liberté de les suivre ou de les repousser. En voici un extrait :

« Je ne parlerai point ici, mon cher Théotime, de ces grâces miraculeuses qui ont presque en un moment transformé les loups en bergers, les rochers en eau, et les persécuteurs en prédicateurs... Il faut donner un rang particulier à ces âmes privilégiées, èsquelles Dieu s'est plu d'exercer, non la seule affluence, mais l'inondation, et, s'il faut ainsi dire, non la seule libéralité et effusion, mais la prodigalité et profusion de son amour....

» Mais quels sont donc les cordages ordinaires, par lesquels la divine Providence a accoutumé de tirer nos cœurs à son amour? Tels certes qu'elle-même les marque, décrivant les moyens dont elle usa pour tirer le peuple d'Israël de l'Égypte et du désert en la terre de promission : *Je les tirai,* dit-il par Osée, *avec des liens de charité et d'amitié.* Sans doute, Théotime, nous ne sommes pas tirés à Dieu par des liens de fer, comme les taureaux et les buffles, ains par manière d'allèchements, d'attraits délicieux et de saintes inspirations qui sont en somme les *liens d'Adam* et d'humanité, c'est-à-dire proportionnés et convenables au cœur humain, auquel la liberté est naturelle....

« En cette sorte doncques, très-cher Théotime, notre franc arbitre n'est nullement forcé ni nécessité par la grâce ; ains nonobstant la vigueur toute-puissante de la main miséricordieuse de Dieu, qui touche, environne et lie l'âme de tant et tant d'inspirations, de semonces et d'attraits, cette volonté humaine demeure parfaitement libre, franche et exempte de toute sorte de contrainte et de nécessité. La grâce est si gracieuse et saisit si gracieusement nos cœurs pour les attirer, qu'elle ne gâte en rien la liberté de notre volonté ; elle touche puissamment et pourtant si délicatement les ressorts de notre esprit, que notre franc arbitre n'en reçoit aucun forcement. La grâce a des forces, non pour forcer, ains pour allécher le cœur ; elle a une sainte violence, non pour violer, ains pour rendre amoureuse notre liberté ; elle agit fortement, mais si suavement, que notre volonté ne demeure point accablée sous une si forte action ; elle nous presse, mais elle n'oppresse pas notre franchise : si que nous pouvons, emmi ses forces, consentir ou résiste à ses mouvements, selon qu'il nous plaît.... » Et la pensée du saint Docteur prend toujours de nouveaux développements qui la mettent de plus en plus en lumière. Que dire après cela et comment mieux dire ? Il n'y a pas d'autre explication à donner sur la liberté humaine et son accord avec la grâce : cet accord vient d'être exposé avec une clarté aussi parfaite que le sujet le comporte.

Cependant, si je ne craignais de trop m'attarder, je citerais encore une page ravissante. « Plusieurs voyageurs, environ l'heure de midi, un jour d'été, se mirent à dormir à l'ombre d'un arbre. Mais tandis que leur lassitude et la fraîcheur de l'ombrage les tint en sommeil, le soleil s'avançant sur eux leur porta droit aux yeux sa plus forte lumière, laquelle par l'éclat de sa clarté faisait des transparences, comme par de petits éclairs, autour de la prunelle des yeux de ces dormants ; et par la chaleur qui perçait leurs paupières, les força d'une douce violence à s'éveiller. Mais les uns éveillés se lèvent, et gagnant pays allèrent heureusement au gîte. Les autres, non-seulement ne se lèvent pas, mais tournant le dos au soleil et enfonçant leurs chapeaux sur leurs yeux, passèrent là leur journée à dormir, jusqu'à ce que surpris de la nuit, et voulant néanmoins aller au logis, ils s'égarent qui çà qui là, dans une forêt à la merci des loups, sangliers et autres bêtes sauvages. Or, dites, de grâce, Théotime, ceux qui sont arrivés ne devaient-ils pas tout le gré de leur contentement au soleil, ou, pour parler plus chrétiennement, au Créateur du soleil? Oui certes, car ils ne pensaient nullement à s'éveiller quand il en était temps : le soleil leur fit ce bon office, et par une agréable semonce de sa clarté et de sa chaleur les vint amiablement réveiller. Il est vrai qu'ils ne firent pas résistance au soleil, mais il les aida aussi beaucoup à ne pas résister ; car il vint doucement épandre sa lumière sur eux, se faisant entrevoir au travers de leurs paupières, et par sa chaleur, comme par son amour, il alla dessiller leurs yeux et les pressa de voir son jour.

« Au contraire, ces pauvres errants n'avaient-ils pas tort de crier dans ce bois : Hé ! qu'avons-nous fait au soleil, pourquoi il ne nous a pas fait voir sa lumière comme à nos compagnons, afin que nous fussions arrivés au logis, sans demeurer en ces effroyables ténèbres? Car, qui ne prendrait la cause du soleil, ou plutôt de Dieu en main, mon cher Théotime, pour dire à ces chétifs malencontreux : Qu'est-ce, misérables, que le soleil pouvait bonnement faire pour vous, qu'il ne l'ait fait? SES FAVEURS ÉTAIENT ÉGALES ENVERS TOUS VOUS AUTRES QUI DORMIEZ : IL VOUS ABORDA TOUS AVEC UNE MÊME LUMIÈRE, IL VOUS TOUCHA TOUS DES MÊMES RAYONS, IL RÉPANDIT SUR VOUS UNE CHALEUR PAREILLE ; et malheureux que vous êtes, quoique vous vissiez vos compagnons levés prendre le bourdon pour prendre chemin, vous tournâtes le dos au soleil, et ne voulûtes pas employer sa clarté ni vous laisser vaincre à sa chaleur (1). » Ensuite vient l'application, où le saint Docteur déploie sa souplesse et sa grâce accoutumées : elle se fait d'elle-même.

Mais notre liberté a deux ennemis qui la sollicitent au mal, pendant que la grâce l'appelle doucement au bien : l'un habite au dedans de nous-mêmes, l'autre nous attaque du dehors. L'ennemi du dedans, c'est la concupiscence, c'est le mouvement qui depuis la chute nous incline vers le mal, c'est la passion. La passion est-elle souveraine, dominatrice, irrésistible, comme ose l'enseigner plus ou moins ouverte-

(1) *Traité de l'amour de Dieu*, liv. IV, ch. V.

ment une certaine morale bien nommée *indépendante*, puisqu'elle rejette le frein de la conscience et du bon sens, et comme le suppose presque toute la littérature actuelle dans ses drames et ses romans? Est-il vrai que le cœur de l'homme soit fatalement, invinciblement entraîné vers l'objet même criminel qui le charme? Est-il vrai enfin que, même avec le secours de la grâce, il soit impuissant à réprimer les penchants désordonnés, et réduit à s'en faire l'esclave? Non, certes, cela n'est pas vrai. La conscience proteste avec indignation contre de telles maximes, inventées par la corruption, qui veut excuser à ses propres yeux de honteuses lâchetés et secouer une bonne fois le joug du remords. S'il fallait les admettre, il faudrait aussi effacer la distinction du bien et du mal, du vice et de la vertu, du mérite et du démérite; car là où il n'y a point de liberté, il n'y a point de responsabilité, et les actions humaines n'ont pas plus de moralité que des produits chimiques, par exemple, comment ils n'ont pas rougi de s'exprimer, « que le sucre et le vitriol. »

Assurément, François de Sales était loin de prévoir de si dégradants sophismes, qui pourtant par bien des points se rattachent à l'horrible prédestinationisme de Calvin et aussi à la délectation victorieuse ou non victorieuse de Jansénius. Mais il en avait par avance sapé, ruiné les fondements. Sa doctrine des passions est admirable. Il suit du reste pas à pas le Docteur angélique, comme fera plus tard Bossuet dans son beau traité *De la connaissance de Dieu et de soi-même.* Également éloigné du stoïcisme antique qui, par un orgueil ridicule et sans cesse démenti, niait jusqu'à l'existence des passions ou n'y voulait voir qu'une faiblesse indigne du sage, et du fatalisme calviniste ou jansénistique qui leur asservit plus ou moins complétement la liberté, notre Docteur reconnaît la réalité trop manifeste de ces mouvements instinctifs du cœur de l'homme, les analyse, les énumère et les classe, les ramenant tous à l'amour. Il montre qu'indifférents de leur nature, ils peuvent servir d'instruments au bien comme au mal, puisque l'amour qui les résume est innocent ou coupable, suivant l'objet qu'on lui donne (1). Mais voyez surtout comme il affirme l'indépendance souveraine de notre volonté sous l'action même des mouvements divers qui la sollicitent.

« Avant que l'Empereur (2) soit créé, dit-il, il est soumis aux électeurs qui dominent sur lui, pouvant ou le choisir à la dignité impériale ou le rejeter ; mais s'il est une fois élu et élevé par eux, ils sont dès lors sous lui, et il domine sur eux. Avant que la volonté consente à l'appétit (sensuel, à la passion), elle domine sur lui ; mais après son consentement elle devient son esclave. En somme, cet appétit est à la vérité un sujet rebelle, séditieux, remuant, et il faut con-

---

(1) *Traité de l'amour de Dieu,* liv. I, ch. III.

(2) Il s'agit ici du chef du Saint Empire Romain, institution détruite par la Révolution.

fesser que nous ne le saurions tellement défaire qu'il ne s'élève, qu'il n'entreprenne et qu'il n'assaille la raison ; ains pourtant la volonté est si forte au-dessus de lui que, si elle veut, elle peut le ravaler, rompre ses desseins et le repousser, puisque c'est le repousser que de ne point consentir à ses suggestions. On ne peut empêcher la concupiscence de concevoir, mais oui bien d'enfanter et de parfaire le péché (1). »

Ce que le saint Docteur enseigne ici, avec tant de force, sur la persistance de notre liberté sous le coup de la plus violente passion, il le redit ailleurs au sujet des tentations qui nous viennent du dehors, du grand « ennemi de la nature humaine », comme l'appelle saint Ignace : il s'agit du démon, du mauvais esprit. Il fut un temps où l'on voyait partout son action, et où on lui faisait une part, peut-être trop large, d'influence ur la direction de la vie humaine. C'était un excès, dont nous sommes bien revenus, mais pour nous jeter dans l'excès contraire. Quel moraliste, aujourd'hui, en dehors des maîtres de la vie spirituelle, se préoccupe du rôle joué par le démon dans les impulsions que nous ressentons vers le mal ? On nie son intervention ou même son existence ; on rit de la crédulité assez attardée pour prendre au sérieux ce qu'on qualifie de chimères. Or, cette nouvelle disposition d'esprit fait bien mieux les affaires de Satan que la disposition contraire. A la faveur de l'indifférence

(1) *Traité de l'amour de Dieu*, liv. III, ch. III.

sceptique et insouciante de tous, il se glisse partout sans obstacle. Il n'a plus besoin de se cacher comme autrefois dans les sombres repaires de la magie. Il peut même quitter, s'il lui plaît, les antres mystérieux des sociétés secrètes. Il pénètre, il agit, il règne dans les salons, et prenant des formes appropriées à la curiosité contemporaine, il ébranle sans résistance, sous le nom de spiritisme, les bases mêmes de la Religion et de la morale. Et que d'autres ravages ne doit-il pas exercer dans l'ombre !

François de Sales ne fut pas dupe de ses ruses. Aux jours héroïques de la mission du Chablais, le démon, furieux de se voir arracher tant de victimes, s'en vengea par ses prestiges ordinaires, par des possessions, des obsessions, des maladies infernales, contre lesquelles le saint Missionnaire dut recourir aux exorcismes de l'Église. Les prédicants aussitôt de crier à la supercherie, puis au sortilége ou à la superstition, et d'en venir à nier, comme font aujourd'hui leurs héritiers lointains, l'existence même des mauvais Anges. Notre Docteur leur répondit par un traité de la *Démonomanie*, dont la maison de Sales a longtemps gardé le manuscrit, mais que nous ne connaissons plus que par une analyse détaillée de Mgr Charles-Auguste, neveu de l'auteur. Il y aborde toutes les questions délicates ou profondes qui se rattachent à son sujet, les pénètre et les examine à la clarté des Écritures, des Pères, de l'histoire sainte et de l'histoire profane, les développe avec une clarté parfaite et une logique toujours exacte. Il conclut en montrant que Dieu, qui met un frein à la rage des démons lorsqu'ils tourmentent les possédés, pose aussi des bornes à leur malice, lorsqu'ils essayent d'induire les âmes dans l'erreur, et déjoue leurs artifices en les dévoilant par la prudence de l'Église ; qu'alors se voyant découverts, ils ont recours au monde, leur agent officieux, et lui inspirent la violence et la calomnie, qui sont comme les deux bras dont il se sert pour attaquer les enfants de Dieu ; que l'Église, il est vrai, n'a point d'armes pour résister à la violence, mais que pour se défendre contre la calomnie, elle a l'innocence dans ses actions, la vérité dans ses paroles et l'autorité dans ses jugements (1). Ce sont là sans doute de hauts enseignements, qui rappellent le beau sermon de Bossuet sur les Démons (2), et dont l'opportunité ne saurait échapper aux esprits accoutumés à percer au delà des réalités sensibles : ils donnent la clef providentielle de bien des événements contemporains et de bien des chutes morales.

II

Nous avons mentionné différentes instructions adressées par le saint Évêque aux prêtres ses

---

(1) *Vie de saint François de Sales*, par M. Hamon, liv. II.
(2) Sermon pour le premier dimanche de Carême.

collaborateurs. On y remarque spécialement une Circulaire aux confesseurs de son diocèse, où, dans les conseils qu'il leur donne, il trace à son insu son fidèle portrait. C'est là qu'il apprend à relever le courage des timides, à ouvrir le cœur de ceux que retient la fausse honte, à amener, comme il dit, « tout bellement et tout doucement les chères âmes des pénitents à faire une bonne confession. » Il ne néglige pas non plus les saintes adresses destinées à faciliter l'intégrité des aveux pour le nombre et l'espèce des péchés, à exciter la contrition, puis à former la conscience et à prévenir les rechutes.

Ainsi entendait-il que les principes généraux de la théologie morale fûssent appliqués au détail de la vie chrétienne ; ainsi les appliquait-il lui-même avec un merveilleux succès. Nous sommes ici en présence du mérite suréminent de notre nouveau Docteur, de son trait peut-être le plus caractéristique : il posséda, à un degré supérieur, cet « art des arts, comme l'appelle saint Grégoire le-Grand, l'art du gouvernement, de la direction des âmes. » Outre une science sûre d'elle même, cet art demande une connaissance parfaite du cœur humain, beaucoup de prudence et de discrétion, toute la sagesse d'un juge, toute la dextérité d'un médecin, et plus encore toute la charité d'un père sous l'action de l'Esprit de Dieu.

Voilà ce que fut l'Évêque de Genève durant tout le cours de son fécond apostolat. Mis en rapport avec un nombre infini de personnes, depuis l'humble pâtre de la montagne jusqu'au monarque dans son palais ; chargé tour à tour, et en mille situations diverses, de conduire les âmes, depuis la conversion et les éléments de la vertu, jusqu'aux sommets les plus sublimes de la sainteté, il laissa, comme en se jouant, tomber de sa plume et de ses lèvres un cours vraiment complet de direction morale, dont le premier caractère est d'être non moins parfait que pratique. Ses règles, ses conseils sont simples et limpides, accessibles à tous, vivants parce que l'expérience les dicte et que la nature les confirme, efficaces et pénétrants, surtout parce qu'ils viennent d'un saint qui ne cherche, on le sent, qu'à consoler, qu'à éclairer, qu'à encourager et sanctifier les âmes.

Mais d'où vient à cette direction une efficacité aussi universelle ? De sa douceur d'abord, puis de sa largeur, enfin de sa merveilleuse dextérité.

Sa douceur n'a pas besoin d'être louée : tout le monde la goûte et l'admire. C'est par là qu'il attendrit les cœurs les plus rebelles et les gagne à Jésus-Christ. Nul ne peut résister à cette onction divine, qui fait distiller de ses lèvres le lait et le miel : *Mel et lac sub lingua tua.* On connaît le beau témoignage que le cardinal Duperron, ce grand controversiste, se plaisait à lui rendre : « S'il ne s'agit que de convaincre les hérétiques, peut-être suis-je en mesure ; mais s'il est question de les persuader et de les convertir, envoyez-les à M. de Genève. » Il savait, dit admirablement Bossuet, que « la chaleur entre bien plus avant que la lumière : celle-ci ne fait qu'effleurer et dorer légèrement la surface ; la chaleur pénètre jusqu'aux entrailles, pour en faire sortir des fruits merveilleux. » Voilà comment François de Sales, apôtre conquérant, parvint à faire rentrer dans le sein de l'Église quelque soixante mille hérétiques, dont un grand nombre étaient de la plus haute distinction ! Voilà comment, inimitable directeur, il ressuscita, tantôt la vertu, tantôt la ferveur, dans un nombre encore plus considérable peut-être d'âmes tièdes ou coupables !

Mais cette douceur ne dégénéra jamais en mollesse, et sa direction fut toujours aussi solide que large. On l'a parfois accusée de relâchement : c'est un reproche immérité, constamment repoussé par l'Église et le sens des vrais fidèles, reproche qui aujourd'hui serait plus que téméraire. Non, cette morale est pleine d'indulgence, de modération et de tact ; mais elle exclut rigoureusement toute faiblesse, tout compromis. Qu'on relise, par exemple, les pages incriminées, même de son temps, par quelques esprits outrés et chagrins, sur les bals, les spectacles, les amitiés profanes : si l'on n'a pas de parti pris, et qui pourrait en avoir contre un si aimable saint? on reconnaîtra qu'il se tient dans la mesure exacte. Il réprouve avec une sainte énergie tout ce qui est coupable ; il détourne autant qu'il peut de tout ce qui de sa nature est dangereux ; il autorise enfin, quand certaines convenances l'exigent, ce qui est de soi indifférent, quoique non exempt de tout péril accidentel. Et même en ce dernier cas, il prescrit, il impose des précautions à la fois sévères et touchantes, dont l'observation fidèle ne manquerait pas d'écarter tout danger sérieux, d'inspirer le dégoût de ces plaisirs mondains, ou même de les rendre utiles à l'avancement dans la vertu. Ah ! Mesdames, si, comme il le veut, avant de partir pour le bal ou le spectacle, parées de tous vos atours, vous tombiez humblement à genoux aux pieds de votre crucifix pour le consulter sur votre toilette et mettre votre cœur d'accord avec le sien; si, au retour, vous consentiez à recommencer la même prière et le même examen : certes, ces fêtes du siècle nous inspireraient moins d'inquiétudes pour vos âmes ; vous ne tarderiez pas à y renoncer ou du moins à en modérer l'usage ! François de Sales connaissait parfaitement le monde et par l'expérience et par l'observation : nul mieux qu'un pareil guide ne peut enseigner l'art délicat de garder avec lui les rapports nécessaires sans en prendre l'esprit ni en contracter la souillure.

Et c'est ici qu'éclate ce que j'ai appelé la dextérité du saint directeur. Un trait va nous représenter sa méthode au naturel. Françoise, fille de sainte Chantal, la future comtesse de Toulongeon, aimait un peu trop la toilette. Un jour, toute jeune encore, elle s'était présentée devant François de Sales plus parée que de coutume : le saint Prélat se mit à la regarder en silence avec un léger sourire. Elle, toute rougissante, comprit à merveille cette leçon muette, et une fois l'entretien commencé, entretien tout de Dieu, elle fit adroitement disparaître sous ses voiles les frisures et autres ornements dont elle avait chargé sa tête. Est-il scène plus ravissante de fraîcheur et de naïveté? Voilà bien saint François. Il ne brusque rien; il ne fait que peu de reproches et ménage même les avertissements; il provoque la grâce, mais sait l'attendre, et d'ordinaire elle ne tarde pas.

« Les commandements de Dieu, aimera-t-il à dire, sont de leur nature doux, suaves, gracieux. Et qu'est-ce donc qui les rend fâcheux? Rien, à la vérité, sinon notre propre volonté qui veut régner en nous à quelque prix que ce soit. » Cette volonté propre, il l'attaque, il la poursuit jusqu'en ses derniers retranchements et démasque toutes ses batteries; il ne néglige rien pour l'assujettir à la loi de Jésus-Christ, qui n'est après tout que la loi du sacrifice. Mais il ne la heurte pas de front, il évite de la froisser; il la flatte, il l'apprivoise de peur qu'elle ne se cabre; il la dompte presque sans qu'elle s'en aperçoive.

Sa vaste correspondance, ses décisions et ses entretiens pieusement recueillis par ses filles de la Visitation ou par son digne ami de Belley (1),

(1) En dépit de ses saillies parfois risquées, de ses romans pieux qui scandalisent l'innocence du XIXe siècle, et de ses invectives moins excusables contre certains religieux mendiants, Mgr Camus fut vraiment un évêque vertueux et

offrent des ressources inépuisables et bien incomplétement exploitées jusqu'ici. C'est là qu'il montre à des dames et à des hommes du monde, parfois à des princes et à des rois, le grand art de faire son salut dans les situations les plus difficiles. C'est là qu'il résout avec autant de fermeté que de souplesse, de profondeur que de bon sens une foule de problèmes souvent très-délicats. On peut l'affirmer sans crainte, il n'y a pas de position sociale humble ou élevée, heureuse ou malheureuse, qui n'y trouve la ligne de conduite à tenir ; pas de doute pratique qui n'y soit éclairci ; pas de défaut enfin, pas d'imperfection de nature, d'habitude ou même de fragilité qui n'y soit finement analysée et habilement traitée par une main bienveillante, mais qui, tout en enveloppant la lancette dans le coton, ne laissera pas de l'enfoncer au besoin.

Ecoutez encore ce trait. Une de ses pénitentes s'accuse d'avoir beaucoup d'amour-propre. — Et moi aussi, j'en ai, répond-il ; nous en avons tous, et ce qu'il y a de mieux, c'est qu'il ne mourra qu'un quart d'heure après nous. Ce n'est pas à dire, continue-t-il, qu'il faille lui donner carrière et l'écouter : bien loin de là. Il faut, au contraire, le surveiller avec grand soin, observer ses mouvements et les réprimer par un acte énergique de réprobation, mais sans se figurer

---

zélé. Par malheur, il manquait de jugement et il ne faisait pas difficulté d'en convenir. Saint François, l'homme de tact par excellence, le félicitait en riant de cette bonne foi si rare.

qu'on viendra complètement à bout de le vaincre et de l'étouffer. Cela est impossible, il reviendra toujours. Mais ne nous en désolons pas à l'excès. Cette lutte incessante contre nous-même sera une continuelle et abondante matière de mérites; elle deviendra comme l'échelle sans fin de notre perfection. Telle est en substance la doctrine du saint Évêque : quoi de plus encourageant et de plus pratique ?

Mais nulle part peut-être il n'est mieux caractérisé, mieux résumé, comme directeur des âmes, que dans l'anecdote de la dame aux boucles d'oreille, par laquelle je veux finir. Un jour, à Dijon, si je ne me trompe, quelques dames qui étaient venues lui rendre visite, exaltaient à l'envi en sa présence une de ses pénitentes, dont la piété édifiait toute la ville. L'homme de Dieu écoutait en souriant, quelque peu étonné d'un concert aussi unanime de louanges, et se demandant tout bas où l'on voulait en venir. Tout-à-coup une de ces dames se mit à dire, non sans quelque embarras : Oh ! oui, assurément, elle est bien parfaite, mais... — Ah ! il y a un mais, fit le saint ? Je m'y attendais bien. Et que lui reprochez-vous ? — Pas grand'chose, Monseigneur, un rien. — Mais encore ? — Eh bien ! puisqu'il faut s'expliquer, on est un peu surpris qu'avec tant de saintes pratiques, tant de grandes vertus, elle conserve encore quelques restes de ses anciennes mondanités, par exemple, ses magnifiques pendants d'oreille. — Nous y voilà, reprit l'aimable saint ; pour moi, je ne savais même pas si elle avait des oreilles. Mais, si en vous attaquant à la pénitente, c'est au confesseur que vous voulez donner un avis charitable, il ne lui sera pas malaisé de se défendre. Quand Dieu m'envoie une âme généreuse à conduire, je tâche d'allumer le feu du divin amour aux quatre coins de la maison, bien sûr que les misères, les frivolités mondaines, s'il en restait encore, iront bientôt s'abîmer et se perdre dans cet incendie.

C'est le dernier mot de la morale et de la direction de saint François de Sales : faire aimer Dieu par-dessus toutes choses, et le prochain pour Dieu. Il sait que l'amour est l'abrégé, est la perfection de la loi. Il va donc redisant sans cesse : tout par amour, rien par contrainte. Ainsi le grand et tendre Évêque d'Hippone ramenait tout à cette parole : Aimez, et faites tout ce que vous voudrez : *ama, et fac quod vis.*

TROISIÈME CONFÉRENCE.

SAINT FRANÇOIS DE SALES

Docteur de la Théologie Ascétique.

> *Discite a me quia mitis sum et humilis corde.*
>
> Apprenez de moi que je suis doux et humble de cœur.

MES FRÈRES,

Aider l'âme à se dégager des liens du péché, à s'éloigner graduellement de tout ce qui porte l'empreinte du mal, l'armer contre les penchants désordonnés, les séductions du monde et les tentations de l'ennemi ; puis, le terrain une fois déblayé, l'initier à la science des vertus chrétiennes et à l'art sublime de les pratiquer, la disposer par une série progressive de pieux exercices à ces ascensions morales, à ces transfigurations, à ces « transsubstantiations surnaturelles », comme dit quelque part François de Sales, qui élèvent l'âme au-dessus de la vie sensible et naturelle pour la faire vivre de la vie spirituelle et divine ; enfin, à ces hauteurs déjà surhumaines, lui enseigner, d'après l'expérience des Saints, comment elle pourra, si Dieu l'appelle, s'ouvrir aux illuminations de l'Esprit céleste, se défendre des illusions, s'unir par la contemplation et l'amour à la beauté infinie, jusqu'à ce qu'elle aille se perdre dans les rayons de sa gloire et s'enivrer à la coupe de ses félicités : Voilà ce qui fait le vrai Maître de la spiritualité, le Docteur de la théologie mystique ; et tel fut par excellence un des mérites distinctifs de l'Évêque de Genève, son titre le plus populaire aux honneurs que l'Église lui décerne.

Cependant, il ne fut pas un ascète à la façon des Gertrude, des Jean de la Croix, des Thérèse de Jésus et de tant d'autres, favorisés des dons extraordinaires de l'oraison, du ravissement, de l'extase. Non, François de Sales connut peu ces grâces exceptionnelles, et s'il les goûta par moments dans l'intime familiarité de ses entretiens avec le Seigneur, il n'en transparaît rien dans ses écrits ; on y sent plutôt percer quelque défiance à l'égard de tout ce qui s'écarte des voies communes (1); et jamais il ne demanda à ces communications miraculeuses des règles pour sa conduite ou pour celle des autres, ne voulant

---

(1) Voir en particulier, dans une ancienne édit. in-fol. des *Œuvres* de saint François de Sales, au recueil de ses *Epistres spirituelles*, Livre II, la curieuse et si remarquable lettre 23e Elle porte le n° 233 dans l'édition Blaise.

s'en rapporter qu'à l'enseignement authentique de l'Église et de ses docteurs.

On pourrait donc, ce semble, le placer entre saint Bernard et saint Bonaventure d'une part, et saint Alphonse de Liguori de l'autre : moins mystique peut-être et moins sublime dans son accent habituel que les deux premiers, mais plus méthodique et, comme on dirait aujourd'hui, plus scientifique que tous les trois, unissant avec une rare perfection tout le prix d'une onction pénétrante à tous les avantages d'une doctrine claire et précise, élevée et pratique, digne des plus hauts génies et accessible aux plus humbles intelligences.

Saint Bernard, c'est l'amour qui déborde et s'épanche en flots délicieux, suivant le souffle de l'inspiration, sans garder toujours une marche bien régulière. Saint Bonaventure, c'est le séraphin embrasé des flammes de la charité, et les répandant avec une surabondance communicative, mais où se mêle plus d'une fois je ne sais quelle subtilité scolastique, qui en ralentit quelque peu l'effusion. Saint Liguori est l'abeille infatigable qui, pendant plus de soixante années, recueille sur toutes les fleurs de la tradition chrétienne le suc de ses pieux opuscules, mais sans se donner toujours le loisir d'y mettre ce fini du fond et de la forme qui fait les chefs-d'œuvre. François de Sales a beaucoup de cet amour dévorant, beaucoup de ces ardeurs séraphiques, beaucoup de cette activité industrieuse; mais n'excelle-t-il pas surtout par la beauté de la conception, par la régularité des plans, par la plénitude de la doctrine, plus encore par l'admirable richesse des observations, le caractère éminemment pratique des enseignements, et même par le charme inimitable d'un style, qui relève toutes les grâces d'une naïve simplicité par toutes les séductions de la poésie et de l'éloquence ?

Mais sortons de ces généralités, et hâtons-nous d'étudier l'ascétisme du nouveau Docteur : premièrement, dans les monuments où il l'a renfermé ; deuxièmement, dans les traits les plus saillants qui le distinguent ; troisièmement, dans l'esprit dont il est partout imprégné.

I

François de Sales nous a laissé quatre monuments ascétiques principaux : ses Lettres spirituelles, son Introduction à la vie dévote, ou, comme on disait au XVIIe siècle, la Philothée, ses Entretiens spirituels, et son Traité de l'amour de Dieu, autrement le Théotime.

Inutile, je pense, d'insister sur les Lettres, que nous rencontrons partout sur notre route. C'est qu'en effet l'Évêque de Genève s'y montre théologien dogmatique et théologien moraliste, mais surtout théologien ascétique et maître incomparable de la vie spirituelle. Il faudrait redire ici ce que nous avons dit ailleurs à propos de la direction, qu'il n'y a point de position sociale, point d'état d'âme, point de conscience embarrassée, qui ne puisse avec confiance demander à cette correspondance merveilleuse, lumière, force et consolation. J'ai prononcé le mot de consolation : c'est ici particulièrement que notre Saint n'a point de rival. Nul ne sait comme lui relever une âme désolée, découragée, déchue, la ranimer, la fortifier, la remettre doucement dans les voies aplanies du salut, puis de la perfection. Sans effort, il trouve le chemin du cœur, lui découvre les horizons éternels, et fait resplendir à ses yeux la divine beauté. Quel charme de le voir, avec un sourire parfois mêlé de larmes, s'incliner vers le malheur, vers la souffrance, et, à force de bonté, guérir comme par un baume céleste les blessures les plus envenimées !

Que dire de l'Introduction à la vie dévote, qui n'ait déjà été dit bien des fois ? On sait que notre grand Henri IV, dont le bon sens exquis comprenait toute chose, avait instamment sollicité la composition de cet ouvrage, et qu'après l'avoir lu à plusieurs reprises, il s'en déclara complétement satisfait : il adressa même à l'auteur les plus vives félicitations. Le roi Jacques I d'Angleterre, tout protestant qu'il était, ne manifesta pas une moindre admiration, et il aimait à demander à ses évêques anglicans pourquoi aucun d'eux n'était capable de rien produire de pareil.

Fénelon, Bossuet, Bourdaloue ne tarissent pas d'éloges. Le Cygne de Cambrai, dont le génie avait tant d'affinité avec celui du saint Évêque de Genève, proclame que goûter ses écrits, c'est déjà avoir fait de grands progrès dans la piété chrétienne, et que les hérétiques, s'ils les lisaient de bonne foi, ne résisteraient pas à l'esprit de la suavité de Jésus-Christ qui s'en exhale à chaque ligne. Bossuet explique l'immense succès qui accueillit l'Introduction : « Avant l'illustre François de Sales, dit-il (1), l'esprit de dévotion n'était presque plus connu parmi les gens du siècle. On reléguait dans les cloîtres la vie intérieure et spirituelle, et on la croyait trop sauvage pour paraître à la cour et dans le grand monde. François de Sales a été choisi pour l'aller chercher dans sa retraite et pour désabuser les esprits de cette croyance pernicieuse. Il a ramené la dévotion au milieu du monde ; mais ne croyez pas qu'il l'ait déguisée pour la rendre plus agréable aux yeux des mondains : il l'amène dans son habit naturel, avec sa croix, avec ses épines, avec son détachement et ses souffrances. En l'état où la produit ce digne Prélat, le religieux le plus austère peut la reconnaître, et le courtisan le plus dégoûté, s'il ne lui donne pas son affection, ne peut lui refuser son estime. » Le grave Bourdaloue semble enchérir encore (2) : « Je puis dire, sans blesser le respect que je dois à tous les autres écrivains, qu'après les saintes Écritures, il n'y a point

(1) Panégyrique de saint François de Sales.
(2) Panégyrique de saint François de Sales.

d'ouvrages qui aient plus entretenu la piété parmi les fidèles que ceux de ce saint Évêque. Oui, Chrétiens, les Pères ont écrit pour la défense de notre religion, les théologiens pour l'explication de nos mystères, les historiens pour conserver la tradition de l'Église : ils ont tous excellé dans leur genre, et nous leur sommes à tous redevables ; mais pour former les mœurs des fidèles et pour établir dans les âmes une solide piété, nul n'a eu le même don que l'Évêque de Genève. »

Les contemporains du pieux auteur ne tinrent pas un autre langage. Le général des Feuillants, l'illustre et saint Prieur de la Grande-Chartreuse, l'archevêque de Vienne, Pierre de Villars, quelque trente ans plus tard le pape Alexandre VII, une foule d'autres personnages de toute condition, de tout rang, de tout pays, non moins recommandables par la vertu que par la science, s'associèrent à cet unanime concert de louanges. Mentionnons encore, pour sa rareté, le fait suivant. Ce livre avait eu un tel succès dès son apparition, et le libraire Rigaud y avait tant gagné, qu'en 1611, il fit exprès le voyage d'Annecy, pour offrir en pur don à l'auteur 400 écus d'or. Vingt ans après la mort du saint, la Philothée comptait plus de quarante éditions françaises, sans parler de traductions en toutes les langues.

Aujourd'hui encore ce chef-d'œuvre est sans cesse réimprimé. Il continue à faire les délices des amis de la dévotion et à leur servir de guide. Il captive même l'attention des littérateurs profanes : « A quelque page que l'on ouvre l'Introduction, écrit un académicien de nos jours (1), il s'en exhale comme un parfum des champs qui répand la sérénité dans l'âme. On croit cheminer avec le saint Évêque le long des torrents et sur le penchant des montagnes de son pays, et respirer en l'écoutant l'odeur des buissons. C'est le vieillard de Virgile devenu chrétien, qui ne connaît des choses de ce monde que le bourdonnement de ses abeilles, la fraîcheur de ses roses, le chant de ses oiseaux, et qui n'emprunte qu'à son ménage rustique les comparaisons dont il égaie ses sentences. » Passons à l'artiste son accent ; il a senti le charme.

C'est ainsi que François de Sales, ne songeant d'abord qu'à donner des conseils et des règles pratiques de conduite à une dame du monde, Mme de Charmoisy, se trouva, quand on lui remit ses notes soigneusement recueillies, avoir fait à son insu un livre et un livre unique dans son genre. Ah ! combien je bénis Dieu d'avoir fait tomber ces papiers, à Chambéry, entre les mains d'un humble religieux de notre Compagnie (2), autrefois confesseur et collaborateur du Saint ! Il en sentit tout le prix, il y vit un trésor, et

---

(1) M. de Sacy.

(2) Le Père Fourier. Voir M. Hamon, *Vie du Saint*, livre IV, qui l'appelle Forier : c'est une inexactitude. Le Père Fourier était le propre frère du Bienheureux Pierre Fourier de Mathaincourt (consulter l'*Histoire de l'Université de Pont-à-Mousson*, p. 366-367, 1 vol. in-8°, Paris, Taranne).

c'est lui qui, à force d'instances, décida l'auteur à en faire part au public.

L'ouvrage se divise en cinq parties. Après avoir défini la vraie dévotion, l'auteur montre, pour l'acquérir, la nécessité de purifier l'âme de tout péché et de toute affection au péché : c'est le premier livre. Le deuxième expose les moyens de construire l'édifice spirituel : l'examen, la méditation, la pratique du recueillement, la confession, la communion, etc.; là se trouve entre autres une page ravissante « sur la manière de s'unir à Dieu. » Le troisième traite des vertus et des devoirs d'état avec une précision, une clarté, une exactitude, une onction, qu'on ne se lasse point d'admirer. Lisez en particulier ce chapitre si rempli d'observations vraies, neuves, piquantes, qu'il a intitulé : « Il faut avoir l'esprit juste et raisonnable ». Le quatrième est destiné à prémunir l'âme contre les épreuves, tentations, dégoûts, aridités, etc. Enfin, le cinquième lui indique les précautions à prendre pour échapper au relâchement et à la routine. Là viennent, comme couronnement, de fortes et touchantes considérations sur l'excellence de l'âme, le prix de la vertu et l'amour de Jésus-Christ envers nous.

En comparant cet ouvrage aux ouvrages les plus célèbres qui ont quelque analogie d'objet avec lui, on peut dire, ce me semble, sans établir aucune préférence odieuse puisque le mérite et le but sont divers, que l'Introduction est plus populaire et plus accessible que les admirables

Exercices de saint Ignace, dont la glorieuse prérogative est d'avoir fait la Compagnie de Jésus, formé tant de saints, d'avoir inspiré et d'inspirer encore tous les jours, proportion gardée, comme la Bible elle-même, d'inépuisables commentaires; plus pratique et plus détaillée dans l'exposition des devoirs que le livre divin de l'Imitation, destiné moins à façonner l'âme aux exercices de la piété qu'à la consoler, à l'échauffer, à la pénétrer du goût des choses célestes ; plus onctueuse et plus complète que le *Combat spirituel,* qui, sous une forme un peu froide et sententieuse, ne traite pour ainsi dire qu'un seul point, fondamental il est vrai, de la vie intérieure; enfin d'un usage plus commode et plus ordinaire que les œuvres magnifiques des Grenade, des Rodriguez, des du Pont, etc., dont la Philothée nous offre comme un abrégé, un manuel aussi substantiel que charmant.

Et voici maintenant les *Entretiens spirituels,* qui, prenant l'âme en quelque sorte au point où l'a laissée l'Introduction, l'initient aux secrets les plus intimes, les plus délicats, les plus sublimes de la vie religieuse et parfaite. C'est votre patrimoine, votre trésor spécial, à vous, pieuses filles de saint François de Sales; et quelle reconnaissance ne vous devons-nous pas pour nous l'avoir conservé ! J'aime à recueillir dans vos saintes Annales le souvenir de cette aimable sœur Agnès de la Roche, à la mémoire heureuse, au jugement exquis, à la plume agréable et facile, comme il s'en rencontre toujours parmi vous, qui, au rapport de votre Sainte Mère, pouvait au bout de trois ou quatre jours reproduire mot pour mot les admirables instructions tombées des lèvres de votre illustre Père. C'est elle qui, aidée de ses compagnes, a reconstruit et rédigé ces précieux *Entretiens*. L'on y entend réellement saint François lui-même causant, souriant, s'égayant en comparaisons familières et gracieuses, épanchant le trop-plein de son cœur, où règne l'Esprit de Dieu avec l'abondance de ses dons, et faisant partout bonne guerre à la nature, à ses mouvements désordonnés, à ses défauts, à ses vanités, à ses mollesses. à ses recherches de toute sorte, à son amour-propre si subtil, la poursuivant partout sans trêve ni merci, pour établir sur l'extérieur comme sur l'intérieur le doux et souverain empire de Jésus-Christ. Là se trouve, entre mille autres perles, cette réponse, récemment publiée pour la première fois, à sœur Simplicienne, qui avait bien osé filialement lui demander comment il s'y prendrait pour acquérir la perfection, si au lieu d'être évêque de Genève, il était une petite religieuse de la Visitation. Ces pages-là ne s'analysent pas ; il faut les lire : grâce, simplicité, finesse, élévation, sens des choses divines, candeur angélique, on ne sait qu'y admirer le plus. Ah ! chères sœurs, continuez de vous abreuver à ces sources si salutaires et si pures. Les *Entretiens* sont le meilleur commentaire de vos *Constitutions*, que tant de papes et Pie IX dernièrement encore ont proclamées « admirables de sagesse, de discrétion et de suavité (1). » Tant que vous vous formerez à pareille école, je ne crains pas que la Visitation cesse d'exhaler les parfums de douceur et d'humilité qui la distinguent.

Arrivons enfin au Traité de l'Amour de Dieu, déjà plusieurs fois cité. On est unanime à reconnaître que c'est vraiment le chef-d'œuvre de notre saint Docteur, la somme substantielle et méthodique de son ascétisme, ou même de sa théologie. Composé à la prière de sainte Chantal, il ne contribua pas peu à élever cette grande âme à ce haut degré de sainteté qui l'a fait placer sur les autels. Il provoqua les mêmes applaudissements qui avaient salué l'apparition de l'Introduction à la vie dévote; et ceux-là même qui avaient déclaré que la Philothée ne serait jamais égalée furent obligés de confesser que le Théotime la surpassait encore.

En voici une rapide analyse. Après avoir magistralement étudié dans un premier livre les facultés de l'âme humaine, l'auteur « se faisant l'historien du divin amour », en raconte tour à tour la naissance, les progrès et la décadence : c'est le sujet des livres deuxième, troisième et quatrième. Les cinq livres suivants sont consacrés à en décrire les exercices, les formes diverses et les effets. On passe successivement en revue l'amour de complaisance, de condo-

(1) Bref pontifical du Doctorat.

léance et de bienveillance, puis l'oraison avec ses degrés de plus en plus sublimes, enfin l'union de notre volonté à celle de Dieu par l'obéissance à ses lois, à ses inspirations, à ses conseils, et par l'entier abandon à son bon plaisir. Nulle part l'auteur n'est plus admirable que dans l'exposition de cette mystérieuse conformité, qui remplit les huitième et neuvième livres. Les trois derniers étudient le commandement de la divine charité, en montrent les caractères, les excellences, les œuvres, et tracent le chemin qui mène à ses plus hauts sommets.

Tel est dans son ensemble ce monument de sagesse toute céleste. La métaphysique la plus élevée, la psychologie la plus exacte, l'observation morale la plus délicate, toutes les ressources mêmes de l'histoire y prêtent leur concours aux lumières de la Révélation et de la théologie pour éclaircir, creuser, envisager sous toutes ses faces un si grand et si vaste sujet : tandis que les comparaisons, les paraboles, les images empruntées à la nature entière, égayent et illuminent la pensée, qu'une chaleur intime et pénétrante l'anime d'un bout à l'autre, et qu'un langage aussi simple que clair et gracieux lui prête encore de nouveaux agréments. C'est ici surtout que notre Docteur se révèle écrivain éminent et mérite l'éloge que ne lui refusent pas nos critiques modernes. « Après avoir lu saint François de Sales, dit M. de Pontmartin, on s'étonne que la religion, même auprès des gens du monde, puisse éveiller d'autre sentiment que l'attrait le plus doux, l'amour le plus vif, l'épanouissement de toutes les plus heureuses facultés de l'âme. Saint François de Sales, ouvrant le XVIIe siècle, nous offre dans un style fleuri, imagé, naïf encore avec bien des commencements de correction et d'élégance, le dernier modèle de cette littérature des Amyot, des Montaigne, riche et ornée en sa fraîche couronne et sa robe printanière, et qui va faire place, non sans quelque regret peut-être, à la noble et austère langue des Descartes et des Bourdaloue. » Et Mgr Dupanloup (1) ajoute : « Saint François de Sales est un grand écrivain ; à mon avis il surpasse de beaucoup tous ceux de son temps. La sainteté est utile à tout, et c'est elle qui a fait la plus originale et la plus noble partie de son génie. On sent bien que la langue n'est pas encore formée, mais on s'aperçoit aussi que, sous la plume de notre Saint, déjà elle se transfigure. »

Ainsi le Traité de l'amour de Dieu réunit tous les genres de mérite. C'est qu'il fut le fruit de vingt-quatre années de prédication, selon l'expression de l'auteur, et de si profondes études, qu'il est quatorze lignes de cet ouvrage, qui, disait-il à M. de Belley, lui avaient coûté la lecture de douze cents pages in-folio. Il y avait consacré tous les loisirs qu'il avait pu se ménager pendant le jour, ou se créer le matin et le soir, aux dépens de son sommeil. Pendant ce travail,

---

(1) Lettre de M. F. Godefroy.

il sentait si vivement ce qu'il écrivait, que des larmes d'attendrissement coulaient malgré lui sur le papier, et que souvent même il était obligé de s'interrompre pour pleurer plus abondamment. Il se passa quelque chose de plus émouvant encore et de plus extraordinaire. Le soir du 25 mars, au retour de vêpres, agenouillé à son prie-Dieu, il se préparait à écrire précisément sur le mystère du jour. Et il méditait cet amour infini qui a porté le Verbe éternel à s'unir avec la nature humaine dans l'Incarnation, quand il vit en esprit l'adorable Bonté qui avait fait descendre le Fils de Dieu du sein du Père au sein de la Vierge, et telle fut la suavité céleste qui accompagna cette lumière, qu'il tomba en défaillance. En même temps, comme autrefois au Cénacle, Dieu fit reposer sur lui un globe enflammé, qui, se partageant en plusieurs petites flammes, l'environna de toutes parts, sans toucher à ses vêtements, et rendit son visage resplendissant comme un astre, pendant que son cœur était intérieurement consumé d'amour. Louis de Sales, son frère chéri, survint au moment où son visage était encore tout en feu, et le Saint, tendrement pressé, ne put lui refuser le récit de ces faveurs célestes. Lui-même écrivit dans son livret intime : « Aujourd'hui, 25 mars, le Seigneur a daigné visiter miséricordieusement son serviteur François. » La venue de l'Esprit-Saint a laissé sa vivante empreinte dans « l'incomparable Traité ; » et nul ne le lira de bonne volonté sans que bientôt l'amour renaisse ou grandisse dans son cœur, sans que peut-être de douces larmes, longtemps ignorées, montent de son cœur à ses paupières...

II

Est-il besoin maintenant de marquer les traits caractéristiques de cette spiritualité? Contentons-nous de signaler en courant les quatre suivants : Suavité, solidité, simplicité, élévation.

La suavité de François de Sales est proverbiale. C'est par là qu'il est le plus connu, le plus aimé. C'est par là aussi qu'il attire les profanes, convertit les pécheurs, réveille les tièdes et anime les plus fervents. Cette suavité éclate dans la façon de présenter la vertu : il la montre facile, agréable, accompagnée dans ses apparentes rigueurs de joies ineffables, en un mot, plus heureuse que le vice, même en ce monde, par le bon témoignage de la conscience et les radieuses perspectives de l'espérance éternelle. Elle éclate encore, cette suavité, dans l'accueil toujours miséricordieux, toujours compatissant fait à l'âme même la plus coupable, qu'on s'efforce d'excuser par la corruption de notre pauvre nature, la faiblesse du cœur humain, la violence des tentations, le malheur des circonstances. Elle éclate enfin dans le ton, l'accent et le langage. Je ne pourrais insister sans répéter ce que j'ai déjà dit, ce que tout le monde sent, aime et admire.

Mais cette suavité n'a rien de commun avec le sentimentalisme vague, creux et fade, qui s'est glissé dans beaucoup de livres modernes prétendus spirituels, et qui déguise mal sous la prodigalité des exclamations, sous le luxe des phrases brillantes et sonores, des images plus maniérées qu'élégantes, la stérilité du fond et le manque absolu de doctrine. Dans notre Docteur, le charme de la forme ne fait que relever la solidité de l'enseignement. Son christianisme n'a rien d'amoindri, rien de frelaté. C'est le vrai christianisme viril, sérieux, complet, « avec sa croix, avec ses épines, » comme nous le disait tout à l'heure Bossuet, avec sa lutte incessante contre les mauvais penchants, et la pleine victoire de la grâce sur la nature par la mortification intérieure et extérieure. Aussi, que d'âmes admirables formées à cette école, et dans le monde, et surtout dans ces cloîtres bénis où l'on ne vit que des leçons d'un si grand Maître ! ANNÉE SAINTE de la Visitation, comment parcourir vos pages délicieuses sans être ravi au spectacle de tous ces anges terrestres, que chaque jour fait passer devant nos yeux, tous portant au front avec la couronne virginale, l'auréole de la sainteté, mais de la sainteté telle que François de Sales l'apprit à l'école même du Sauveur !

Oui, c'est là une doctrine solide et pure, mais en même temps pleine de simplicité. Nulle recherche dans la pensée, nul apprêt, nulle affectation dans cette langue pourtant si poétique. Tout y coule de source et jaillit sans effort de l'abondance du cœur. Le savant est émerveillé, l'illettré lui-même comprend et goûte. On suit sans contention d'esprit, ce qui fut écrit sous la dictée du cœur, sans labeur prétentieux ni pénible effort. Oh ! que nous sommes loin, ici encore, de certains ascétiques contemporains, qui offrent assurément une saine et riche doctrine, mais l'ont revêtue d'un style trop élégant, un peu artificiel, fatigant à la longue et monotone par la continuité de l'éclat, de la couleur, du mouvement, où la pensée perd de sa limpidité et se dérobe derrière sa parure, ne se laissant atteindre qu'au prix de l'attention la plus soutenue. Ah ! revenez, revenez, bonne, aimable simplicité des Grenade, des Rodriguez, des François de Sales ! Vous êtes le cachet de l'Esprit divin, la marque de son assistance. A d'autres d'occuper l'intelligence, d'amuser l'imagination et de caresser la sensibilité : vous, et vous seule, vous éclairez vraiment l'esprit et réchauffez le cœur.

Cette simplicité est la compagne naturelle de l'élévation. Est-ce que l'Écriture, l'Évangile surtout, n'offrent pas la continuelle alliance d'une simplicité toute naïve et d'une sublime élévation ? Ce qui est petit a besoin de s'enfler ; ce qui est grand n'a qu'à paraître ce qu'il est. Certes, nous l'avons vu, François de Sales a des ailes et sait déployer son vol. Quel essor ne prend-il pas surtout dans son Traité de l'amour de Dieu ! Il s'élève à des hauteurs où peu d'âmes sont capables de le suivre. Mais admirez son point de départ et quel est son procédé pour monter si haut. Un objet matériel, un fleur, un torrent, un oiseau, une abeille, un alcyon, un insecte, une créature quelconque, si faible et si petite soit-elle, c'est tout ce qu'il lui faut : il a entrevu le Bien-Aimé, il a entendu le son de sa voix, il le cherche, il le poursuit, il le trouve à travers les voiles qui le cachent.

Voilà, voilà ce qui me ravit surtout et m'enchante dans cet admirable Maître des choses divines : il est tellement plein de Dieu, plein de sa pensée, plein de son amour, qu'il ne peut faire un pas sans le rencontrer, sans l'adorer, sans lui dire, en apercevant le rayonnement de sa beauté derrière chaque créature : Je vous aime, vous êtes le Dieu de mon cœur ! Avec moins de faveurs sensibles et miraculeuses que les François d'Assise, les Catherine de Sienne, les Jean de la Croix, il est bien de la famille de ces grands contemplatifs. Il regarde le monde de cet œil purifié qui ne s'arrête pas aux apparences. Pour lui comme pour eux, la création n'est qu'un faible ruisseau de l'océan divin, un pâle reflet du soleil éternel, une ombre fugitive de la magnificence infinie, un miroir où il ne se lasse pas de contempler son Créateur, et en le contemplant, de le louer, de le bénir. Me sera-t-il permis de le dire ? C'est ainsi qu'à la fin de la noble carrière des Exercices, saint Ignace, mon bienheureux Père, dont François de Sales aimait aussi à se dire le disciple, ouvre aux regards de l'âme les splendeurs des cieux, et l'élevant de degré en degré au plus parfait amour, lui révèle le secret de voir désormais Dieu dans toutes les créatures et toutes les créatures en Dieu. N'est-ce pas le dernier mot de l'ascétisme chrétien ? N'est-ce pas comme un apprentissage, un prélude lointain du bienheureux face-à-face de la patrie ? (1).

III

Mais quel est le principe et quel est le terme de cette merveilleuse spiritualité ? Je le dis sans hésiter, c'est le Cœur sacré de Jésus. C'est ce Cœur qui l'inspire, l'anime et l'enflamme ; c'est à ce Cœur qu'elle prétend ramener et unir tous les cœurs.

Voici une grande œuvre de la Bonté divine ! Dieu avait résolu de révéler au monde dans ces derniers temps les trésors infinis de son Cœur, jusque-là connus seulement des âmes d'élite et privilégiées : comment s'y prendra-t-il pour préparer cet heureux événement ?

En 1597, au moment où François de Sales achevait la conquête évangélique du Chablais, s'éteignait à Fribourg, en Suisse, un vieil athlète,

(1) Exercices spirituels de saint Ignace. Contemplation de l'*Amour divin*, IVe point.

que Dieu avait suscité contre la première génération protestante, comme il suscita l'évêque de Genève contre la seconde : je veux parler du B. Pierre Canisius, dont le jeune apôtre avait récemment, dans une touchante lettre, célébré les glorieux travaux et réclamé les conseils. Il se mourait, après avoir enrayé le mouvement de la Réforme dans toute l'Allemagne, et spécialement sauvé la foi en Bavière et dans le canton de Fribourg. Or, au début de sa carrière apostolique, il avait eu une admirable vision. C'était en 1549, à Rome, au moment même, où, en présence de ses frères, il allait faire profession entre les mains de saint Ignace. Laissons-le raconter lui-même ce qui se passa. « La Messe avançait ; nous étions arrivés à l'élévation de l'hostie, quand vous avez daigné, ô divin Rédempteur, m'entr'ouvrir votre Cœur adorable et vous m'avez permis d'y plonger mon regard ; bien plus, vous m'avez invité à puiser en vous les eaux du salut, ordonné de boire à vos fontaines sacrées. Comme je désirais avec ardeur être inondé des flots d'amour, d'espérance et de foi que j'en voyais jaillir ! Quelle soif de pauvreté, de chasteté, d'obéissance ! Je vous conjurais de me purifier, de me revêtir d'innocence comme au baptême. Enfin, approchant mes lèvres brûlantes de votre Cœur très-doux, j'osai me désaltérer à cette source divine ; et vous me promettiez, Seigneur, pour couvrir la nudité de mon âme, un vêtement céleste composé de trois étoffes, les mieux adaptées à la profession religieuse : la paix, la charité, la constance. Orné de cette robe de salut, j'avais pleine confiance que rien ne me manquerait plus, et que tout me réussirait pour votre gloire. » (1) N'y a-t-il pas là une explication surnaturelle des prodiges apostoliques qu'allait accomplir Canisius ? N'y a-t-il pas là comme un présage du rôle réservé à la Compagnie de Jésus dans l'expansion future du culte du Sacré Cœur ?

Le fils d'Ignace disparaît, François de Sales descend dans l'arène : c'est lui qui sera le précurseur immédiat des révélations de Paray-le-Monial. Quelque soixante années avant la Bienheureuse Marguerite-Marie, il préparera l'asile où elle viendra se former et se sanctifier un jour, où elle entendra la voix du céleste Époux et recueillera ces paroles, les plus touchantes peut-être qu'il ait adressées à la terre depuis son retour au ciel : « Voici ce Cœur qui a tant aimé les hommes..... » Oui, ce Cœur sera montré d'avance à saint François ; il deviendra le principe de sa sainteté, l'âme de son apostolat, l'inspirateur de la plus belle et de la plus chère création de sa grande âme, je veux parler de la Visitation.

Et ceci n'est pas une conjecture, c'est une réalité historique. On n'aperçoit d'abord qu'un trait, un mot, un vague linéament que l'on pourrait contester : « Le Cœur de Jésus sera le

---

(1) *Le B. Canisius ou l'apôtre de l'Allemagne au XVIe siècle* ; Paris, 1865, p. 72.

refuge, l'asile, le séjour des Filles de la Visitation. » Puis, dans les entretiens avec sainte Chantal, l'idée se dégage, se précise : « C'est sur le Sacré Cœur que la Visitation est fondée ; le Sacré Cœur est la racine qui porte la Visitation. » Est-ce assez ? Non ; l'idée s'échauffe, s'anime, prend des couleurs comme dans un tableau : « Les religieuses de la Visitation seront les adoratrices du Sacré Cœur. » Ce n'est pas assez : « Les servantes du Sacré Cœur. » Leur esprit « l'imitation du Sacré Cœur ; leurs armes, un cœur couronné d'épines, transpercé d'un double glaive, et surmonté d'une croix ; leur nom, Filles du Sacré Cœur. » Et pour achever tout cela, tandis que les divers Ordres se distinguent par des dons divers, l'un par l'éminence de l'oraison, l'autre par la solitude, un troisième par l'austérité, le don réservé aux filles de la Visitation, le privilége que Dieu leur garde dès l'éternité et qu'elles recevront à l'heure marquée, ce sera le Cœur de Jésus. Voilà ce que dit saint François, voilà ce que répète sainte Chantal : leur but unique est de former des imitatrices fidèles du Sacré Cœur, des copies vivantes de ses vertus, surtout de sa douceur et de son humilité. (1)

Or, le véritable esprit du saint évêque se révèle ici. Saint Jean, dont il reproduit la charité et

---

(1) Voir l'abbé Bougaud, *Vie de la B. Marguerite-Marie*, ch. VIII. — Cf. P. Ch. Daniel, *Histoire de la B. Marguerite-Marie*, ch. V.

qui devait recevoir son dernier soupir, (1) l'avait fait de bonne heure reposer à côté de lui sur la poitrine du Sauveur. Il s'y était enivré d'amour, et dès lors il ne songea plus qu'à faire connaître, aimer, imiter ce Cœur adorable. Ce Cœur sera l'âme de sa Visitation, il sera l'âme de sa spiritualité, l'âme de sa vie tout entière.

Vous me demandez d'où lui vient cette mansuétude inaltérable, cette ineffable onction, ce zèle que rien ne lasse ni ne rebute, ce dévouement à l'épreuve, cet insatiable besoin de se dépenser pour Dieu et pour le prochain? Du Cœur sacré de Jésus, dont il a senti les battements, et auquel son cœur veut faire écho.

Vous me demandez où il mène les âmes qui se laissent conduire par sa main paternelle? Ah! il les mène avec la sienne au Cœur même de Jésus, à sa douceur, à son humilité, à son abnégation, à toutes ses vertus. C'est là toute sa doctrine. Il peut dire comme saint Paul : « Je ne veux connaître que Jésus et Jésus crucifié ; loin de moi de me glorifier, si ce n'est dans la croix du Seigneur Jésus ! » Oui, la croix est tout pour lui, comme pour les saints, mais la croix adoucie par l'onction de la divine grâce, la croix rajeunie, si je l'ose dire, par le Sacré Cœur placé à son centre et entre ses bras! C'est là qu'il trouve un foyer inépuisable de lumière, de chaleur et de vie. De là se répand sur ses

---

(1) On se souvient que le saint Évêque mourut à Lyon, en 1622, le lendemain de la fête de saint Jean l'évangéliste.

écrits, sur sa parole, sur son visage, sur sa personne tout entière cette bonne odeur de Jésus-Christ, dont il est rempli, et qui ensuite s'échappe de lui comme une vertu qu'il ne peut contenir.

Sainte Chantal l'appelait un jour, expression bien frappante ! « l'enfant du Cœur de Jésus : » il en est devenu le Docteur, le docteur par excellence. D'autres l'ont proclamé Docteur du divin amour, et ils avaient raison : il l'est, et au plus haut degré; mais pour le caractériser mieux encore, pour rendre la nuance exacte de sa mission doctrinale, je voudrais le nommer « le Docteur du Cœur de Jésus. » Là, encore une fois, est la raison profonde, là est le cachet, là est aussi le point culminant de sa sainteté personnelle, comme de son apostolat et de sa spiritualité.

Qui n'admirerait cette coïncidence ? Et comment n'y pas reconnaître le doigt de Dieu ? L'heure qui voit apparaître le Docteur du Cœur de Jésus est précisément celle où la dévotion à ce divin Cœur prend un immense développement, arrive à son apogée, ébranle le monde, enrôle sous son drapeau tous les vrais soldats du Christ et de son Église, provoque des manifestations, des pèlerinages que nul n'aurait pu seulement soupçonner il y a dix ans, élève enfin sur les hauteurs purifiées de Montmartre le monument de nos repentirs, de nos réparations, et de nos meilleures espérances !

Salut donc, une fois de plus, ô grand Docteur du dogme catholique ! Vous l'avez approfondi, développé, magnifiquement exposé ; vous l'avez démontré, justifié, défendu contre l'hérésie, et vous nous avez laissé de bonnes armes pour continuer la lutte ; enfin, vous aviez si parfaitement le sens chrétien et catholique, que des vérités encore dans l'ombre pour le peuple fidèle brillaient déjà pour vous d'une pleine lumière. Honneur, amour et gloire !

Salut, ô grand Docteur de la morale évangélique : vous en avez posé les principes d'une main ferme et sûre, en expliquant les opérations de la grâce et le libre jeu de la liberté humaine sous la triple action de Dieu qui l'attire au bien, de la concupiscence et de Satan qui la sollicitent au mal ; surtout, par une direction merveilleusement efficace, vous avez appliqué ces principes au gouvernement pratique des âmes, les sauvant par milliers. Honneur, amour et gloire !

Salut, enfin, ô grand Docteur de la vie spirituelle ! Docteur du divin amour et du Sacré Cœur ! Avec quelle habileté vous savez faire consumer vices, défauts, imperfections, toute souillure par les flammes de la charité de Jésus-Christ ! Avec quelle habileté aussi vous savez faire naître, croître et mûrir toutes les vertus jusqu'à la sainteté la plus haute sous l'action de la même charité ! Honneur, amour et gloire !

Et maintenant, ô bon, ô doux, ô glorieux François, après avoir reçu nos hommages, bénissez-nous !

Bénissez la sainte Église et son auguste Chef, dont vous fûtes toujours le vaillant champion.

Ah ! consolez Pie IX, vous qui saviez si bien consoler : n'est-ce pas à lui que vous devez ces nouveaux honneurs ?

Bénissez la France, bénissez ses Universités naissantes, ses Cercles catholiques d'ouvriers, son Vœu national, et pendant qu'elle bâtit un temple au Cœur de Jésus, tournez-la tout entière vers ce Cœur dont Jésus lui-même, par l'organe de Marguerite-Marie, la proclamera un jour la fille aînée !

Bénissez aussi tout ce peuple accouru pour vous honorer et se mettre sous votre patronage: donnez-lui de goûter vos enseignements et de suivre vos exemples.

Mais réservez votre meilleure bénédiction pour vos filles si chères de la Visitation, qui gardent avec tant de fidélité le dépôt de votre esprit. Ah! puissent-elles se multiplier toujours davantage et voir leurs rangs s'enrichir de ces âmes d'élite, qu'attira dès l'origine la sainte suavité de votre Règle ! Puisse le parfum de leurs vertus, s'exhalant à travers leurs grilles jusque dans le monde, montrer de plus en plus que votre école de spiritualité, ô François, est l'école même du Cœur de Jésus ! Amen.

PIUS PP. IX,

AD PERPETUAM REI MEMORIAM.

Dives in misericordia Deus, qui Ecclesiae suae in hoc mundo militanti numquam defuit, at iuxta varias rerum ac temporum vicissitudines opportuna sapienter praesidia subministrat, cum saeculo XVI. christianas gentes in virga furoris sui visitaret, pluresque Europae provincias grassantium late haeresum tenebris obrui permitteret, haud volens plebem suam repellere, nova sanctorum virorum lumina provide excitavit, quorum splendore collustrati Ecclesiae filii in veritate confirmarentur, ipsique praevaricatores ad illius amorem suaviter reducerentur. E quorum clarissimorum hominum numero Franciscus Salesius Episcopus Genevensis, inclytae sanctitatis exemplar, et verae piaeque doctrinae magister extitit, qui, ne dum voce, sed et scriptis immortalibus insurgentium errorum monstra confodit, fidem asseruit, vitiis eversis mores emendavit, cunctis pervium coelum ostendit. Qua praecellenti sapientia eam laudem assecutus est, qua veteres illos ac praecipuos Ecclesiae Dei doctores praes-

PIE IX, PAPE,

POUR PERPÉTUELLE MÉMOIRE.

Dieu, toujours riche en miséricorde, n'a jamais manqué à son Eglise militante sur la terre : toujours, suivant les vicissitudes des choses et des temps, sa providence lui ménage les secours opportuns. Alors que, au XVIe siècle, il visitait les nations chrétiennes dans la verge de sa fureur, et laissait envahir par l'hérésie et couvrir de ses ténèbres plusieurs contrées de l'Europe, il ne voulut pas rejeter son peuple ; il suscita dans sa bonté des hommes aussi éminents par la vertu que par la science, dont les lumières, en éclairant l'Eglise, pussent confirmer ses enfants dans la vérité, et ramener doucement à son amour les prévaricateurs eux-mêmes. Parmi ces illustres personnages apparut François de Sales, Evêque de Genève, homme d'une sainteté exemplaire et d'une doctrine non moins pieuse que solide, qui par sa parole comme par ses immortels écrits, terrassa l'hérésie naissante, vengea la Foi, détruisit les vices en corrigeant les mœurs, et fit connaître à tous le chemin du ciel. Par cette éminente sagesse il a mérité de prendre rang parmi ces anciens et fameux Doc-

titisse sa : mem : Bonifacius VIII. Praedecessor Noster declaravit (Cap. Un. de rel. et ven. Sanctorum in 6.); qui scilicet « per salutaria documenta illustrarunt Ecclesiam, decorarunt virtutibus, et moribus informarunt », quosque descripsit « quasi luminosas ardentesque lucernas super candelabrum in Domo Dei positas, errorum tenebris profugatis, totius corpus Ecclesiae, tamquam sidus matutinum » irradiantes, « scripturarum reserantes aenigmata, ac profundis et decoris sermonibus ipsius Ecclesiae fabricam, veluti gemmis vernantibus » illustrantes. Hoc sane elogium ad Genevensem Episcopum pertinere, vel eo adhuc vivente, maxime vero post eius obitum, fama percelebris testata est, et ipsa scriptorum ab eo relictorum singularis eminentia invicto plane argumento demonstrat. Enimvero magno in pretio Francisci doctrinam, dum in vivis ageret, habitam esse, vel ex eo colligere licet, quod e tot strenuis veritatis catholicae defensoribus, qui eo tempore florebant, unum Genevensem Praesulem sa : mem : Clemens VIII. Praedecessor Noster elegerit, quem adire iuberet Theodorum Bezam Calvinianae pestis propugnatorem acerrimum, et cum eo solo solum agere, ut, illa ove ad ovile Christi revocata, plures alias reduceret. Quod munus adeo eximie Franciscus, non sine vitae suae periculo, implevit, ut haereticus homo ex merito confutatus veritatem fassus

teurs, tant célébrés par notre prédécesseur Boniface VIII (1) ; « qui ont, comme il s'exprime, éclairé l'Eglise de leurs salutaires enseignements, l'ont ornée de leurs vertus et façonnée aux mœurs chrétiennes ; qui, semblables à de radieux flambeaux placés sur le chandelier dans la maison de Dieu, ont dissipé la nuit de l'erreur, rayonné comme l'astre du matin sur l'Eglise entière, expliqué les mystères des saintes Ecritures, et par leurs profonds et magnifiques discours, paré comme d'autant d'éclatantes pierreries, l'Arche sainte de la doctrine. » C'est bien assurément à l'Evêque de Genève que s'applique cet éloge, témoin l'éclatante renommée dont il fut honoré de son vivant et plus encore après sa mort ; témoin surtout, et c'est un argument invincible, l'évidente supériorité des écrits qu'il nous a laissés. Qu'on juge de sa haute réputation de science par ce fait, que, entre tant d'intrépides défenseurs de la vérité catholique florissant à cette époque seul, le saint Evêque de Genève, fut choisi par Clément VIII notre prédécesseur, pour aller s'aboucher avec Théodore de Bèze, le plus ferme champion du calvinisme, et conférer en tête-à-tête avec lui, dans l'espoir que cette brebis, une fois gagnée, en ramènerait beaucoup d'autres au bercail de Jésus-Christ. Et cette mission, François de Sales, au péril même de ses jours, la remplit avec tant de succès, que la force de ses raisonnements con-

(1) *Cap. Un. de reliquiis et vener. sanctorum, in sexto.*

sit, licet ex scelere, arcano Dei iudicio, indignus extiterit, qui ad Ecclesiae sinum rediret. Nec minori plane aestimatione sanctum Episcopum gavisum fuisse exinde constat, quod sa : me : Paulus V. Praedecessor Noster, dum celebris disceptatio « de Auxiliis » Romae ageretur, sancti huius Praesulis sententiam ea super re exquiri voluerit, ejusque consilio obsecutus, subtilissimam, ac periculi plenam quaestionem diu acriusque exagitatam, indicto partibus silentio, consopiendam iudicaverit. Quin imo, si ipsae epistolae ab eo ad plurimos scriptae considerentur, cuique compertum erit, Franciscum ad instar gravissimorum inter veteres Ecclesiae Patres, a compluribus, de iis, quae ad Catholicam fidem explicandam, tuendamque, quaestiones ea de re enucleandas ac vitam ad Christianos mores componendam pertinerent, rogatum saepe fuisse; ipsumque, multa persecutum copiosissime ac docte, apud Romanos Pontifices, apud Principes, apud magistratus, apud sacerdotes cooperatores suos in sacro ministerio, adeo valuisse, ut eius studio, hortationibus, monitis, consilia saepe inita fuerint, quibus regiones ab haeretica lue purgarentur, Catholicus cultus restitueretur, religio amplificaretur. Haec praecellentis doctrinae opinio post illius obitum imminuta non est, imo vehementer aucta; virique ex omni ordine clarissimi, ipsique Summi Pontifices, eminentem illius scientiam magnis lau-

traignit l'hérétique à confesser la vérité, encore bien que sa perversité, par un secret jugement de Dieu, l'ait rendu indigne de rentrer dans le sein de l'Eglise. L'estime qu'on avait pour le grand Evêque ne parut pas avec moins d'éclat, quand, au cours des célèbres disputes *De Auxiliis*, le pape Paul V voulut connaître son sentiment, et que, se conformant à son avis, il imposa le silence aux deux partis, pour assoupir enfin une question si subtile, si périlleuse, si longtemps et si vivement agitée.

Bien plus, à considérer sa vaste correspondance, on ne peut douter que François de Sales ne fût consulté avec autant d'empressement que les Pères les plus illustres des premiers siècles, dès qu'il s'agissait d'expliquer ou de défendre la Foi catholique, d'élucider les questions qui s'y rapportent, et de former les fidèles à la vie chrétienne. Ses lettres prouvent également qu'en traitant avec autant d'étendue que de savoir d'innombrables sujets, il avait conquis, auprès des Papes, des princes, des magistrats et des prêtres ses coopérateurs, assez d'autorité pour provoquer, par son zèle, ses exhortations et ses avis, une foule de mesures destinées à purger les pays infestés d'hérésie, à rétablir le culte catholique et à faire fleurir la religion.

Cette haute réputation de science ne fit que grandir après sa mort; et d'illustres personnages de tout rang, les souverains Pontifes eux-mêmes, ont souvent mêlé leurs voix à cet unanime concert de louanges. Ainsi Alexandre VII, dans la

dibus extulerunt. Equidem sa: me: Alexander VII. in Bulla Canonizationis (XIII. Kalendas Maias MDCLXV.) Franciscum Salesium, doctrina celebrem, sanctitate admirabilem praedicavit, aetatique suae contra haereses medicamen, praesidiumque; ita ut scriptorum illius documentis irrigata populorum ac virorum nobilium pectora affluentem evangelicae vitae messem peperisse affirmet. Quibus plane congruit, quod in Consistoriali allocutione ante Canonizationem habita, complexus est, Salesium scilicet « docendo omnes, tum doctrinae salubris verbo, tum vitae innocentis exemplo » multa in Ecclesiae bonum praestitisse, eiusque adhuc magnam partem superesse « ope monitorum, et evangelicae disciplinae documentorum, quae libris consignata, fidelium manibus terebantur ». Nec ab his aliena sunt, quae in litteris datis ad Moniales Visitationis Monasterii Anneciensis V. Kalendas Augusti An. MDCLXVI aiebat, virtutem nimirum, ac sapientiam illius « Christianum Orbem universum late perfundere »; inclyta eius promerita « doctrinamque plane divinam » se admiratum, eum elegisse, quem « praecipuum vitae ducem, ac magistrum sequeretur ». Quod quidem magisterium sa: mem: Clementi IX. Praedecessori Nostro eiusmodi visum est, ut et antequam Pontifex esset, de Salesio asseruerit « praeclarissimis voluminibus pium quodammodo armamentarium ani-

bulle de canonisation (1) de François de Sales, proclame « sa science aussi illustre, que sa sainteté est admirable : déclarant qu'il avait servi de rempart et d'antidote contre les hérésies de son temps, que la salutaire rosée de ses enseignements avait fécondé les cœurs du peuple chrétien, même dans les rangs les plus élevés de la société, et fait croître partout une abondante moisson des vertus évangéliques. » Dans l'allocution consistoriale prononcée à la même occasion, son langage n'avait pas été différent : il avait montré que « François de Sales, en prodiguant à tous les leçons de sa doctrine et les exemples de sa sainteté, contribua puissamment au bien de l'Eglise, et qu'il se survivait en grande partie à lui-même, dans ses instructions et ses enseignements, que ses livres continuent de faire circuler parmi les fidèles. » Plus tard, dans une lettre adressée aux Religieuses de la Visitation d'Annecy (2), il disait encore que « sa vertu et sa sagesse rayonnent au loin sur tout l'univers chrétien; que lui, Pape, professait la plus grande admiration pour ses éclatants mérites et sa doctrine toute divine, enfin qu'il l'avait choisi pour le guide principal et le maître de sa vie. » Ce magistère doctrinal était également reconnu par notre prédécesseur Clément IX, quand, avant d'être Pape, il affirmait que « François de Sales. dans ses excellents ouvrages, avait préparé aux

---

(1) Bulle du XIII avril MDCLXV.
(2) Lettre du XXVIII juillet MDCLXVI.

marum beneficio condidisse », et Pontificatum adeptus antiphonam in illius honorem probaverit, in ea verba, « Replevit Sanctum Franciscum Dominus Spiritu intelligentiae et ipse fluenta doctrinae ministravit populo Dei ». Suis vero antecessoribus concinens Benedictus XIV. sa: mem : libros Genevensis Praesulis scientia divinitus acquisita scriptos affirmare non dubitavit, illius auctoritate usus difficiles quaestiones solvit, « sapientissimum animarum rectorem » appellavit. (Const. « Pastoralis curae » V. Augusti MDCCXLI.)

Itaque mirandum minime est plurimos qui ingenii, ac doctrinae laude florerent, academiarum doctores, oratores summos, iuris consultos, theologos insignes, et vel ipsos principes virum hunc vere magnum ac doctissimum ad haec usque tempora praedicasse : multos vero, ut magistrum, fuisse secutos, atque ex eius libris plura in sua scripta derivasse.

Porro haec universalis persuasio, de excellenti Salesii scientia, ex qualitate ipsa doctrinae ipsius exoritur, quae nimirum in sublimi sanctitatis culmine ita in eo supereminet, ut Doctoris Ecclesiae tota propria sit, virumque hunc inter praecipuos magistros sponsae suae a Christo Domino datos, accensendum suadeat. Quamvis enim Sanctos Doctores, qui primis Ecclesiae

âmes tout un arsenal d'armes et de provisions spirituelles ; » et aussi quand, parvenu au souverain pontificat, il approuvait en son honneur l'antienne suivante : « Le Seigneur a rempli François de l'esprit d'intelligence, et François a répandu sur le peuple de Dieu les flots de sa doctrine. » D'accord avec ses devanciers, Benoît XIV n'hésite pas à déclarer que « la science renfermée dans les écrits de l'Evêque de Genève remonte à une source toute céleste ; » il invoque son autorité pour la solution des questions difficiles ; il l'appelle « un très-sage directeur des âmes (1). »

Aussi, ne faut-il nullement s'étonner que beaucoup d'hommes en qui le génie égalait la science, docteurs d'université, orateurs illustres, célèbres jurisconsultes et théologiens, auxquels s'associèrent plus d'une fois des princes, aient jusqu'à nos jours salué en lui un grand homme et un vrai savant ; que beaucoup aussi se soient mis à son école, et aient fait passer dans leurs ouvrages une bonne part de ses enseignements.

Or, cette persuasion générale de la supériorité doctrinale de François de Sales a son principe dans la qualité même de sa doctrine. Jointe en lui à la sainteté la plus sublime, cette science est celle qui fait le caractère propre d'un docteur de l'Eglise, et elle lui assigne une place distinguée parmi les principaux maîtres que le Christ a donnés à son Epouse. Sans doute, les saints Doc-

(1) Constitution : *Pastoralis curæ*, du V août MDCCXLI.

saeculis floruerunt, antiquitas ipsa spectatos faciat, latinique aut graeci sermonis, quo libros ediderunt, in iis ornamentum accedat, id tamen potissimum, ac plane necessarium (quod supra monuimus) huic magisterio est, ut in scriptis diffusa ultra communem modum doctrina coelestis appareat, quae argumentorum copia, et varietate, splendoribus veluti circumamicta, totum Ecclesiae corpus nova luce perfundat, sitque fidelibus in salutem. Haec itaque laudum praeconia Genevensis Episcopi libris apprime conveniunt.

Sive enim quae de rebus asceticis ad christianam vitam sancte, pieque ducendam, sive quae de controversiis ad fidem tuendam, et haereticos refutandos, sive quae de divini verbi praedicatione scripsit considerentur, nemo est qui non videat, quanta per sanctissimum virum emolumenta sint in Catholicum populum invecta. Equidem duodecim libris insignem, atque incomparabilem tractatum « de amore Dei » docte, subtiliter, dilucideque complexus est, qui tot praecones de suavitate sui auctoris habet, quot lectores.

Maxime autem vivis coloribus virtutem, alio opere, quod « Philothea » inscribitur, pinxit; ac prava sternens in directa, et aspera in vias planas, universis Christifidelibelus iter ad eam ita facile commonstravit, ut vera exinde pietas

teurs qui ont illustré les premiers âges du christianisme, se recommandent par leur ancienneté même, que relève encore l'usage qu'ils ont fait dans leurs écrits de la langue grecque ou latine; néanmoins ce qui importe surtout, ce qui est indispensablement requis pour atteindre à ce haut Magistère, c'est qu'on présente des ouvrages où apparaisse un cachet plus qu'ordinaire de céleste sagesse, où brille une science aussi abondante que variée, assez magnifique, assez lumineuse pour répandre de nouvelles clartés sur tout le corps de l'Eglise et concourir efficacement au salut des peuples. Or, c'est là par excellence le mérite des écrits du saint Evêque de Genève. Considérez en effet tour à tour ses œuvres ascétiques destinées à tracer les règles et les exercices de la vie chrétienne ; ses œuvres de polémique et de controverse, qui ont pour but de défendre la Foi et de réfuter l'erreur ; ses excellents conseils aux prédicateurs de la parole sainte : vous reconnaîtrez bien vite quels éminents services l'homme de Dieu a rendus au peuple chrétien. En effet, son insigne et incomparable *Traité de l'Amour de Dieu* en douze livres fait éclater tant de science, de pénétration et de vive clarté, qu'il est impossible de le lire sans devenir l'admirateur et l'ami de l'auteur. Ajoutez cet autre ouvrage connu sous le titre de *Philothée*, où il peint la vertu sous les plus charmantes couleurs, redressant les voies et aplanissant les chemins ; où il ouvre devant les fidèles des routes si faciles pour arriver à la

lucem suam ubique effunderet, viam sibi ad Regum solia, ad Ducum tentoria, ac iudiciorum forum, telonia, et ipsa oppidula pastorum aperiret.

Enimvero iis scriptis ex sacra doctrina summa scientiae sanctorum principia eruit, et ita enucleat, ut insigne ipsius privilegium plane visum sit, quod ad omnes fidelium conditiones sapienter, leniterque eamdem accommodare noverit.

Huc accedunt tractatus de rebus ad magisterium pietatis spectantibus, ipsaeque constitutiones, sapientia, discretione, ac suavitate conspicuae, quas pro Sanctimonialibus Ordinis Visitationis Beatae Mariae ab eo constituti scripsit.

Uberrimam etiam rei asceticae segetem epistolae ipsius ad plurimos datae suppeditant, in quibus illud plane mirabile est, quod Spiritu Dei plenus, et ad ipsum suavitatis auctorem accedens, devoti cultus erga Sacratissimum Cor Iesu semina miserit, quem in hac nostra temporum acerbitate maximo pietatis incremento mirifice propagatum, summa cum animi Nostri exultatione conspicimus. Nec praetereundum est, in his lucubrationibus, ac praesertim in interpretatione Cantici Canticorum, plura scripturarum aenigmata, quae ad morales, et anagogicos sensus pertinent, reserari, enodari difficultates,

piété véritable, qu'elle commença dès lors à répandre partout sa douce lumière, qu'on la vit pénétrer dans le palais des rois, sous la tente des guerriers et sur les siéges des magistrats, en même temps que dans les comptoirs, dans les ateliers et les humbles hameaux des pasteurs. C'est que l'auteur puise aux sources sacrées les principes les plus élevés de la science des saints, et les expose d'une manière si nette, si sage et si suave, que, par un privilége qui semble n'appartenir qu'à lui, il met cette science à la portée de toutes les âmes et de toutes les conditions.

Ici viennent se placer divers traités de direction spirituelle et ces constitutions « admirables de sagesse, de discrétion et de suavité, » qu'il a écrites pour les Religieuses de son Ordre de la Visitation. Quelle abondante moisson d'enseignements ascétiques ne peut-on pas recueillir encore dans ses lettres adressées à tant de personnes! C'est là principalement, chose admirable! que rempli de l'Esprit de Dieu et approchant de la source même de toute douceur, il a déposé les premiers germes de la dévotion au Cœur sacré de Jésus : dévotion que nous voyons avec tant d'allégresse, en ces temps de désolation, prendre chaque jour de merveilleux développements, au grand avantage de la piété publique! N'oublions pas non plus que, dans ses écrits, surtout dans l'explication du Cantique des Cantiques, on remarque une merveilleuse habileté à tourner au sens moral et anagogique les passages mystérieux des Ecritures, à délier les nœuds des diffi-

obscura nova luce perfundi, quibus licet inferre, Deum, coelestis sui irrigui gratia influente, sancto huic viro sensum aperuisse, ut intelligeret scripturas, easque pervias doctis, indoctisque redderet.

Porro ad retundendam haereticorum sui temporis pervicaciam, confirmandosque Catholicos, non minus feliciter, ac de asceticis rebus « Controversiarum » librum in quo plena Catholicae fidei demonstratio est, aliosque tractatus, concionesque de veritatibus fidei, itemque « Vexillum Crucis » conscripsit, quibus adeo strenue, pro Ecclesiae causa certavit, ut innumeram perditorum hominum multitudinem ad eius sinum reduxerit, fidem in tota Caballiacensium provincia, longe lateque, restituerit.

Imprimis auctoritatem huius Apostolicae Sedis, ac Romani Pontificis Beati Petri successoris propugnavit, ac ipsius Primatus vim ac rationem, ea perspicuitate explicavit, ut Vaticani Oecumenici Concilii definitionibus feliciter praeluserit.

Certe, quae de infallibilitate Romani Pontificis, in quadragesimo sermone « Controversiarum » asserit, cuius autographum, dum in Concilio res ageretur, detectum est, eiusmodi sunt, quae nonnullos Patres tunc ea super re adhuc ancipites, ad definitionem decernendam, veluti manu duxerint.

cultés, à répandre ainsi sur les endroits obscurs des clartés toutes nouvelles : d'où il est permis de conclure que Dieu, par une effusion spéciale de sa grâce, avait communiqué au saint Evêque le don d'intelligence, pour comprendre le livre divin et le rendre accessible aux ignorants comme aux savants.

Il n'est pas moins heureusement inspiré quand il s'agit de confondre les hérétiques de son temps et de confirmer les catholiques dans la Foi. Son livre des *Controverses,* qui renferme une démonstration complète de notre sainte religion, plusieurs autres opuscules, ses sermons sur les vérités de la Foi, son *Etendard de la croix*, sont les monuments de ses luttes vaillantes pour la cause de Dieu, luttes bénies qui ramenèrent au sein de l'Eglise des multitudes innombrables d'hommes égarés, et rétablirent au loin le règne de Jésus-Christ dans toute la province du Chablais. Il se distingua surtout par sa vigueur à soutenir l'autorité de ce siège apostolique et du Pontife romain successeur de saint Pierre ; et son exposition de la primauté papale, de sa nature et de ses caractères, doit être considérée comme un heureux et lumineux prélude aux définitions du Concile œcuménique du Vatican. Il est certain que son enseignement sur l'infaillibilité du Pontife romain, tel qu'il le formule au quarantième entretien de ses Controverses, dans un texte dont l'autographe a été retrouvé précisément à l'heure où la question était débattue au Concile, est si formel, si explicite, que quel-

Ex tanto Sancti Praesulis in Ecclesiam amore, et eius defendendae studio, ea ratio enata est, quam in Divini verbi praeconio adhibuit, sive ad Christianam plebem in elementis fidei erudiendam, sive ad mores doctiorum informandos, sive ad fideles omnes ad perfectionis culmen deducendos. Etenim se debitorem agnoscens sapientibus et insipientibus, omnibus omnia factus, simplices et agrestes homines in simplicitate sermonis docere curavit, inter sapientes vero locutus est sapientiam.

Qua super re, et prudentissima praecepta tradidit, idque assecutus est, ut sacrae eloquentiae dignitas temporum vitio collapsa, ad antiquum splendorem proposito Sanctorum Patrum exemplo revocaretur; atque ii disertissimi oratores ex hac schola prodierint, a quibus uberrimi fructus in universam Ecclesiam redundarunt. Itaque sacrae eloquentiae instaurator, ac magister ab omnibus habitus est.

Denique coelestis eius doctrina, veluti aquae vivae flumen, irrigando Ecclesiae agro, adeo utiliter populo Dei fluxit ad salutem, ut verissima appareant, quae sa : mem : Clemens VIII. Praedecessor Noster, Salesio, cum ad Episcopalem dignitatem eveheretur, veluti divinans dixerat, iis Proverbiorum verbis adhibitis : « Vade fili, et bibe aquam de cisterna tua, et fluenta putei tui; deriventur fontes tui foras,

ques Pères, jusque-là hésitants, se livrèrent alors à l'aimable guide qui les invitait à voter la définition.

Ce grand amour pour l'Eglise et ce zèle pour la défendre expliquent la méthode adoptée par le saint Prélat dans le ministère de la divine parole, qu'il fût question d'enseigner au peuple chrétien les éléments de la Foi, ou d'instruire et de former des personnes plus cultivées, ou de mener au sommet de la perfection les âmes généreuses. Car, se reconnaissant redevable aux insensés comme aux sages, il sut se faire tout à tous, parlant aux gens simples de la campagne le langage de la simplicité et aux sages le langage plus relevé de la sagesse. Les règles qu'il a données à ce sujet respirent une prudence tout évangélique. Grâce à ses efforts, l'éloquence de la chaire, où s'étaient glissés mille abus, recouvra avec sa dignité son antique splendeur. François de Sales lui proposa pour modèles les saints Pères, et de son école sortirent tous ces éminents prédicateurs, dont la parole a produit dans l'Eglise entière des fruits si abondants. Aussi fut-il universellement proclamé le restaurateur et le maître de l'éloquence sacrée.

C'est ainsi que sa céleste doctrine, comme un fleuve d'eau vive, arrose partout le champ du Père de famille, pour l'avantage et le salut du peuple chrétien. C'est ainsi que se vérifient à la lettre les paroles prophétiques, prononcées par notre prédécesseur Clément VIII, au moment où François de Sales fut promu à la dignité épisco-

et in plateis aquas tuas divide. » Has itaque salutis aquas haurientes cum gaudio fideles, eminentem Genevensis Episcopi scientiam suspexerunt, eumque magisterio Ecclesiae dignum ad haec usque tempora existimarunt. Enimvero his causis adducti, plurimi ex Vaticani Concilii Patribus, Nos, enixis votis, communi voce rogarunt, ut Sanctum Franciscum Salesium Doctoris titulo decoraremus.

Quae quidem vota, et Sanctae Ecclesiae Romanae Cardinales, et plures ex toto orbe Antistites, ingeminarunt; iis vero plura Canonicorum Collegia, magnorum Lycaeorum Doctores, scientiarum Academiae, augusti Principes, ac nobiles proceres, ingens denique fidelium multitudo suis supplicationibus accesserunt.

Nos itaque tot tantisque precibus obsecundare lubenti animo volentes, gravissimum negotium, ut moris est, Congregationi Venerabilium Fratrum Nostrorum Sanctae Ecclesiae Romanae Cardinalium sacris Ritibus tuendis praepositorum examinandum remisimus. Iamvero dicta Venerabilium Fratrum Nostrorum Congregatio in ordinariis comitiis ad Nostras Vaticanas aedes die VII. Julii labentis anni habitis, audita relatione Venerabilis Fratris Nostri Cardinalis Aloisii Bilio Episcopi Sabinensis, eiusque Sacrae Congregationis tunc Praefecti, et causae Ponentis, mature perpensis animadversionibus Laurentii Salvati Sanc-

pale : « Allez, mon fils, avait dit le Pontife, empruntant un mot du livre des Proverbes ; buvez de l'eau de votre citerne et de la source vive de votre puits ; faites que vos eaux coulent au dehors et deviennent des fontaines publiques où tout le monde vienne se désaltérer. » Aussi, les fidèles, heureux de s'abreuver à ces sources salutaires, n'ont jamais cessé d'admirer la science éminente de l'Evêque de Genève et de le juger digne des honneurs du Magistère ecclésiastique.

Par tous ces motifs, grand nombre de Pères du Concile du Vatican nous supplièrent de concert et avec instance de décerner à saint François de Sales le titre de Docteur. A ces vœux les Cardinaux de la Sainte Eglise romaine et beaucoup d'Evêques disséminés par toute la terre ont depuis associé les leurs. En outre, de nombreux Chapitres, de grandes Universités, des professeurs et des docteurs illustres, d'augustes princes, des grands du monde et une multitude innombrable de fidèles nous ont adressé pour le même objet de pressantes supplications.

Nous donc, voulant et de grand cœur exaucer tant et de si ardentes prières, nous avons, suivant l'usage, confié l'examen de cette importante affaire à la Congrégation de nos Vénérables Frères les Cardinaux de la Sainte Eglise romaine qui président aux Rites sacrés. Or, la dite Congrégation, dans une de ses séances ordinaires tenue en notre palais du Vatican le VII juin de la présente année, après avoir entendu le rapport de notre Vénérable Frère le Cardinal Louis

tae Fidei Promotoris, nec non Patroni causae responsis, post accuratissimum examen, unanimi consensu rescribendum censuit « Consulendum Sanctissimo pro concessione, seu declaratione, et extensione ad Universam Ecclesiam tituli Doctoris in honorem Sancti Francisci De Sales, cum officio, et Missa, de communi Doctorum Pontificum, retenta oratione propria, et lectionibus secundi nocturni. »

Quod Rescriptum, Nos, edito generali Decreto Urbis et Orbis die XIX mensis et anni eiusdem, approbavimus. Item novis porrectis precibus, ut aliqua additio fieret, tum in Martyrologio Romano, tum in sexta lectione in festo S. Francisci Salesii, utque concessiones omnes hac super re factae Nostris Literis Apostolicis in forma Brevis confirmarentur; eadem Venerabilium Fratrum Nostrorum Sanctae Ecclesiae Romanae Cardinalium Congregatio, in ordinariis Comitiis die XV Septembris anni eiusdem habitis, rescripsit « Pro gratia, ac supplicandum Sanctissimo pro expeditione Brevis. » Addi vero censuerunt ad elogium Martyrologii Romani post verba « Annesium translatum fuit » haec alia « Quem Pius IX. ex Sacrorum Rituum Congregationis consulto universalis Ecclesiae Doctorem declaravit » ; ad lectionem vero sextam post verba « Vigesima nona Ianuarii » adiungi sequentia « et a Summo Pontifice Pio IX. ex

Bilio, évêque de Sabine, alors préfet de cette Sacrée Congrégation et Ponent de la Cause, après avoir mûrement pesé les observations de Laurent Salvati, promoteur de la Sainte Foi, et les réponses de l'avocat de la Cause, a décidé d'un avis unanime « qu'il fallait conseiller au Saint Père de concéder, d'octroyer et d'étendre à l'Eglise universelle le titre de Docteur, en l'honneur de saint François de Sales, avec office et messe du commun des Docteurs Pontifes, sauf l'oraison propre et les leçons du second nocturne. » Nous, par un décret général pour la ville et le monde, du XIXe jour du même mois et de la même année, nous avons approuvé ce rescrit. De plus, de nouvelles prières nous ayant été adressées à l'effet d'obtenir qu'une addition fût introduite dans le Martyrologe romain et dans le Bréviaire à la VIe leçon de la fête du saint, et aussi que toutes les concessions faites au sujet de cette affaire fussent confirmées par nos Lettres Apostoliques en forme de Bref, la même Sacrée Congrégation, réunie en séance ordinaire le XV septembre de la même année, a répondu : « Oui par faveur, et il faut supplier Sa Sainteté de faire expédier le Bref, » proposant d'ajouter à l'éloge du Martyrologe romain, après les mots : « *Annesium translatum fuit,* » « fut transféré à Annecy, » les mots suivants « *quem Pius IX, ex Sacrorum Rituum Congregationis consulto, universalis ecclesiæ Doctorem declaravit* » « Pie IX de l'avis de la Sacrée Congrégation des Rites, l'a déclaré Docteur de l'Eglise univer-

Sacrorum Rituum Congregationis consulto, universalis Ecclesiae Doctor fuit declaratus. » Et hoc quoque Rescriptum memoratae Congregationis die XX. dicti mensis et anni, ratum habuimus et confirmavimus, atque ut super concessionibus omnibus, hac de re factis, Apostolicae Literae expedirentur, mandavimus. Quae cum ita sint, supradictorum Sanctae Ecclesiae Romanae Cardinalium, Antistitum, Collegiorum, Academiarum, ac fidelium votis obsecuti, deque consilio memoratae Venerabilium Fratrum Nostrorum Sanctae Ecclesiae Romanae Cardinalium Congregationis sacris Ritibus cognoscendis praepositae, Auctoritate Nostra Apostolica, tenore praesentium, titulum Doctoris in honorem Sancti Francisci Salesii Genevensis Episcopi ac Ordinis Sanctimonialium Beatae Mariae V. Visitationis Institutoris confirmamus, seu, quatenus opus sit, denuo ei tribuimus, impertimus, ita ut in universali Catholica Ecclesia, semper ipse Doctor habeatur, atque in die festo anniversario, cum a saeculari, tum a regulari Clero, celebrando Officium et Missam iuxta memoratum sacrorum Rituum Congregationis Decretum fiat. Praeterea eiusdem Doctoris libros, commentaria, opera denique omnia, ut aliorum Ecclesiae Doctorum, non modo privatim, sed et publice in Gymnasiis, Academiis, Scholis, Collegiis, lectionibus, dispu-

selle ; » et à la leçon VIe, après les mots « *Vigesima nona Januarii* » le vingt-neuvième jour de janvier, » les suivants *Et a summo Pontifice Pio IX, ex Sacrorum Rituum Congregationis consulto, universalis ecclesiæ Doctor fuit declaratus,* » « et de l'avis de la Sacrée Congrégation des Rites, il a été déclaré Docteur de l'Eglise universelle par le pape Pie IX. » Et ce rescrit de ladite Congrégation, nous l'avons aussi ratifié et confirmé le XXe du même mois et an que ci-dessus, et nous avons ordonné d'expédier les Lettres Apostoliques, renfermant toutes les concessions faites à ce sujet.

Ainsi donc, nous rendant aux vœux mentionnés plus haut des Cardinaux de la Sainte Eglise romaine, des Prélats, des Colléges, des Universités et des Fidèles, par notre autorité apostolique, en vertu de la teneur des présentes, nous confirmons le titre de Docteur à saint François de Sales, Evêque de Genève et Fondateur de l'Ordre des Religieuses de la Visitation de sainte Marie, ou, en tant que besoin serait, nous le lui attribuons, nous le lui octroyons, en sorte que dans l'Eglise catholique tout entière, il ait toujours rang de Docteur, et que, le jour anniversaire de sa fête, le clergé tant séculier que régulier, se conforme pour la célébration de l'Office et de la Messe au Décret précédemment rappelé de la Sacrée Congrégation des Rites. De plus, nous décrétons que les livres du nouveau Docteur, ses commentaires, en un mot tous ses ouvrages, comme ceux des autres Docteurs de

tationibus, interpretationibus, concionibus aliisque ecclesiasticis studiis, christianisque exercitationibus, citari, proferri, et prout res postulaverit adhiberi decernimus. Ut vero fidelium pietati in huius Doctoris die festo rite colendo, eiusque ope imploranda, excitamenta adiiciantur, de Omnipotentis Dei misericordia, ac Beatorum Petri et Pauli Apostolorum eius auctoritate confisi, omnibus, et singulis utriusque sexus Christifidelibus, qui die festo eiusdem Sancti Doctoris, aut uno ex septem diebus continuis immediate subsequentibus, uniuscuiusque Christifidelis arbitrio sibi deligendo, vere poenitentes, et confessi, Sanctissimam Eucharistiam sumpserint, et quamlibet ex Ecclesiis Ordinis Sanctimonialium Visitationis Beatae Mariae Virginis devote visitaverint, ibique pro Christianorum Principum concordia, haeresum extirpatione, peccatorum conversione, et Sanctae Matris Ecclesiae exaltatione, pias ad Deum preces effuderint, plenariam omnium peccatorum suorum Indulgentiam, et remissionem misericorditer in Domino concedimus. Quapropter universis venerabilibus Fratribus Patriarchis, Primatibus, Archiepiscopis, Episcopis, et dilectis filiis aliarum Ecclesiarum Praelatis, per Universum terrarum Orbem constitutis, per praesentes mandamus, ut quae supe-

l'Eglise, pourront, non seulement en particulier, mais en public dans les Gymnases, Académies, Ecoles et Colléges, comme aussi dans les leçons, disputes, interprétations, sermons et autres études ecclésiastiques ou exercices chrétiens, être cités, produits, et suivant l'occurrence, apportés en preuve et témoignage.

Enfin, pour exciter la piété des fidèles à bien celébrer la fête de ce Docteur et à implorer sa protection, nous confiant dans la miséricorde du Dieu Tout-Puissant, appuyé sur l'autorité de ses Bienheureux Apôtres Pierre et Paul, nous accordons miséricordieusement dans le Seigneur une indulgence plénière et la rémission de tous leurs péchés à tous les fidèles, qui, le jour de la fête du saint Docteur ou l'un des jours de l'Octave au choix de chacun, après s'être vraiment repentis et confessés, recevront la très-sainte Eucharistie, visiteront dévotement quelqu'une des Eglises de la Visitation-Sainte-Marie, et y prieront pour la concorde entre les princes chrétiens, l'extirpation des hérésies, la conversion des pécheurs et l'exaltation de la Sainte Eglise notre Mère.

C'est pourquoi nous commandons par les présentes à tous nos Vénérables Frères, Patriarches, Primats, Archevêques, Evêques, et à nos Chers Fils, Prélats des autres Eglises, de faire solennellement publier les Décrets et Ordonnances contenus ici même, dans leurs Provinces, Cités, Eglises et Diocèses, et de veiller à ce que toute personne ecclésiastique

rius sancita sunt, in suis Provinciis, Civitatibus, Ecclesiis, et Dioecesibus solemniter publicari, et ab omnibus personis Ecclesiasticis saecularibus, et quorumvis ordinum regularibus, ubique locorum et gentium, inviolabiliter, et perpetuo observari procurent. Haec praecipimus, et mandamus, non obstantibus Apostolicis, ac in Oecumenicis, Provincialibus, et Synodalibus Conciliis editis generalibus vel specialibus constitutionibus, et ordinationibus, ceterisque contrariis quibuscumque. Volumus autem ut praesentium Literarum transumptis, seu exemplis, etiam impressis, manu alicuius Notarii publici subscriptis, et sigillo personae in Ecclesiastica dignitate constitutae munitis, eadem prorsus fides adhibeatur, quae adhiberetur ipsis praesentibus, si fuerint exhibitae, vel ostensae.

Datum Romae apud Sanctum Petrum sub annulo Piscatoris die XVI. Novembris MDCCCLXXVII. Pontificatus Nostri anno Trigesimo secundo.

F. Card. ASQUINIUS.

séculière et régulière de n'importe quel Ordre les observe inviolablement et à jamais.

Voilà ce que nous prescrivons et commandons, nonobstant toute Constitution et Ordonnance générale ou particulière, soit apostolique, soit édictée par quelque Assemblée Œcuménique, Provinciale ou Synodale, et toute disposition quelconque qui y serait contraire. Et voulons que les copies manuscrites ou même imprimées des présentes Lettres, contre-signées par un notaire public et munies du sceau d'une personne constituée en dignité ecclésiastique, obtiennent absolument la même créance que les présentes elles-mêmes, si elles étaient exhibées ou montrées.

Donné à Rome, près Saint-Pierre, sous l'anneau du Pêcheur le XVI novembre MDCCCLXXVII, la XXXIIe année de Notre Pontificat.

F. Card ASQUINI.

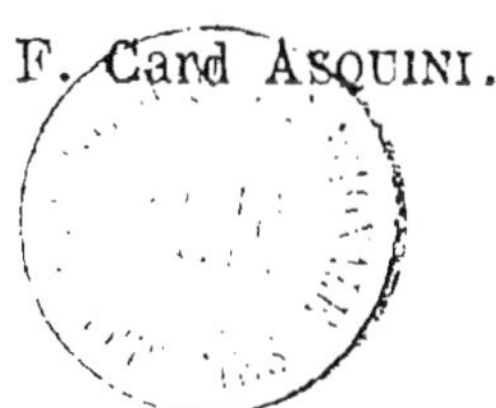

ANCIENNE PROSE

EN L'HONNEUR

DU SAINT FONDATEUR

DE LA VISITATION.

Jungantur tympana,	Joignons les instruments
Festivis cantibus,	Aux cantiques de fête,
Pulsentur organa :	Que les orgues résonnent :
Supernis sedibus	Aux célestes demeures
Salesus additur.	François de Sales est admis.
Superstes spiritus	Son esprit lui survit
Manet post funera ;	Et nous reste après sa mort :
Et fusus cælitus,	Epanché du haut des cieux,
Scribente dexterâ	Sous sa main qui écrit,
Libris inseritur.	Il passe dans ses livres.
Præsul in patriæ	Pour le salut de son pays,
Salutem mittitur ;	Il en fut fait l'évêque :
Divinæ gloriæ	Dans son zèle dévorant,
Zelo quo premitur,	Pour la gloire de Dieu
Quantis non sufficit.	A quels travaux ne se livre-t-il pas ?
Errorem in suis	Il poursuit l'erreur
Debellat arcibus ;	Jusqu'en ses forteresses ;
Solus, continuis	Seul, infatigable,
Functus laboribus	Au prix de mille labeurs,
Thunonem subjicit.	Il subjugue Thonon.
Montes per asperos,	A travers les âpres montagnes,
Per vada gelida,	A travers les torrents glacés,
Fert gressus prosperos ;	Il s'avance en vainqueur ;
Et mente providâ,	Et sa haute sagesse
Mira scit agere.	Accomplit des merveilles.

Templa restituit	Il relève les temples,
Cruces, altaria,	Les croix et les autels.
Et quibus imbuit	Il initie les ignorants
Rudes mysteria,	Aux divins mystères,
Docet recolere.	Qu'il leur apprend à vénérer.
Appellit Galliam	Appelé en France
'Pro cultu numinis ;	Pour les intérêts de Dieu,
Regem et patriam	Il charme le Roi et son peuple
Sanctæ dulcedinis	Par la sainte douceur
Movet eloquio.	D'un céleste langage.
Unus dum prædicat	A l'entendre prêcher,
Deus diligitur.	L'on n'aime plus que Dieu.
Quas virtus indicat,	Le chemin que la vertu lui montre,
Vias prosequitur,	Il le suit toujours
Pede non devio.	D'un pied qui ne dévie pas.
Quas sacris ædibus,	Aux vierges que la chasteté
Includit castitas,	Abrite en ses pieux asiles,
Leges virginibus,	C'est la charité en personne
Dat ipsa caritas	Qui trace des lois,
Salesi nomine.	Sous le nom de François de Sales.
Major terrestribus	Plus grand que la terre,
Fugit inania,	Il fuit tout ce qui passe ;
Et unus omnibus,	Et seul, à tous
Factus est omnia	Il se fait tout,
Mansuetudine.	A force de mansuétude.
Salese, cælitum	O François, introduit
Inserte cætui,	Aux rangs des Bienheureux,
Repletus munerum,	Comblé des dons de Dieu,
Dei conspectui	Fais-nous admettre un jour
Nos sistas petimus.	A l'honneur de sa présence
Da clerus moribus	Donne aux enfants du sanctuaire
Ornetur candidis	L'ornement d'une sainte vie.
Et fac in sedibus	Obtiens-leur un jour une place
Quiescat lucidis	Dans le séjour radieux
Quas dat Altissimus.	Que nous réserve le Très-haut.
Amen.	Ainsi soit-il.

TABLE

www.ingramcontent.com/pod-product-compliance
Ingram Content Group UK Ltd.
Pitfield, Milton Keynes, MK11 3LW, UK
UKHW020324250726
13967UKWH00004B/1845

9 782013 039680